姓名學開館的第一本書

陳哲毅◆著

賜序

基隆普化警善堂　正主席　關聖帝君

中華民國93年農曆閏二月七日（星期六）下午5點36分降：

詩曰：一枝獨秀論玄機

貫通古今悟三奇

博覽精髓參造化

精斷詳實力不疲

統計歸納天地數

融合邏輯定根基

剛柔字義窮至性
添補新法水逢魚

夫：「命運本非天定，成敗自在人爲」，世塵衆生往往把自己的成功歸因於幸運。也更有許多人把自己之沮喪、憤怒、抱怨挫折、勞碌奔波、事端叢生、歲月相刑、楣運衰絕、歷盡艱險、東西撞壁、人情反覆、英雄氣短、有志難伸、大耗破庫、財路無成、爭紛四起、勞而無功、勞心苦戰、群爭梟食、蹇滯橫召官非、財運無氣、事業、歲運、財運、流年、命宮、命盤，逢劫進退兩難志屈難伸之時，以及懷才不遇之現象避均歸咎於運氣不好，或者是時運不濟。

但其間更妙藏著「人爲」與「命運」之抗爭與後天性格之努力與奮鬥。自古以來，人生在世所追求的目標，不外乎是妻、財、子、祿、壽，多少英雄、才子多磨難，方知曉透悟必生於憂患，而死於安樂。

也更由於歷史階段的侷限性，而其間更蘊含著不同的性格，雖然可知生死有命富貴在天，但決定人爲命格、命運的內外因素很多。

其中所顯示生活的機遇、社會的背景，出生家庭環境之關鍵與其人性命格基因、血型之特性，更藏有不同層次的心理特徵。

哲毅爾要細悟—因性格、個性必與其命運聯繫在一起，且性格、個性不是與生俱來的，而是有其後天不同文化背景之驅使塑造而成的，也就因爲有其不同文化之底蘊，更蘊含了智者與愚者中之不同命運顯示，假若沒有深入領會瞭解分析命運之命盤，人生一世命運之中必有其缺憾之侷限性。

有時上天給人之機遇也是出奇的陰鬱煩悶；反之，有時給人的機會也是出奇的靈驗創見，其中之命格特性必爲人類命運帶來一定之影響。

世塵衆生更需要透悟知了塑造性格之主動權不在命運手中，因而其中之命盤、命運、命格歸宿必又有不盡相同之因果循環。

1

哲毅爾要領會—鑑古觀今，翻來中外史實，歷史偉人人物，試看他們的得失成敗，歷經磨難，其意志力之堅強，堅韌的性格，忍辱負責之性格大成，氣量膽識之奮鬥歷程，其個性之智慧、毅力、決心、魄力、態度、韜略，其成功之命運無一不與自己的性格、命盤有著緊密之關係，哪一個不是都具有明知山有虎，偏向虎山行的鬥志與氣概，才能成就一番事業。

哲毅爾要窮究至理—若從現代人另一個角度來深入探討、分析、領悟、體會：妻、財、子、祿、壽這五個字的字形、字義，絕對不是現今廿一世紀人類心裡所渴想簡單的結婚生子、財源廣進、事業鴻圖、長命百壽，而是要擁有一個富可敵國的財富，享受崇高的社會地位，並且能生一個「貴子」、「金孫」，可以傳承自己天國的基業江山，當前幾項均已達成時，最後所企盼著乃健康長壽，享盡人間大富、大貴、保吉榮華的經驗與歷練。

哲毅爾要知解—試想：當人生茫茫然，而更不知其所以然，又再次面臨坎坷身處逆境、運背顛沛、官殺剋洩、蹇澀歲運不濟、看不見未來、摸不到遠景時、當決不決、應斷不斷？又遭逢悲劇的人生生命大限時，有若瞎子在暗中摸象，人情之反覆、翻來又覆去、事端之叢生、愁眉之難展、愁腸之百結、楣運之重重、當百般無奈又強顏歡笑、進退兩難時，應該如何堅強勇敢站起來？如何坦然面對現實？面對人生之挑戰，如何創造自己？檢視自己？規劃未來？確立行動方向？

學習過去重新體會領悟曾有過的經驗磨練，衝破困境、突破心理障礙、掌握大環境、改變環境，面對過去，提醒自己、調整自己。

啓動創新觀念激發更多的創意，提升能力、開拓視野，培養挫折復原力，培育更前瞻的觀點，看見更創新的種子，並且勇敢的反擊生命中的挫折，打倒厄運、掌握時間、扭轉乾坤、創造自己、更新思考，從錯誤中學習導引生涯道路，改變工作、改造命運、策勵自己、蓄勢待發、向明日挑戰。

姓名文字古學更淵源於我中國古文化之國粹，其文字情、意、境之道統，姓名用字之藝術領域博大而精深。

姓名命學體用之精義，其間數理之組合，三才之取象，更兼含文字靈動之玄機。內藏字理、字義、自形，生剋變化，靈數特性、命局特徵，陰陽範疇、五行制化、刑、沖、離、枯、損、益、生、旺，清濁變化，富、貴、吉、壽，運歲盛衰，窮通會合徵兆，其文字姓名之數理，字理、命理、卦象四大主軸經緯更是包羅萬象，其心物文字並用之要旨，更蘊涵著中華文化豐富寶貴璀璨輝煌姓名用字之最高意境。

2

哲毅爾要深思——「行爲」兩字可以決定一個人之命運，但性格特性更關鍵決定命運之要素，古人云：「人之氣質，來於天生。」本難改變，惟讀書可以改變，但其實不但讀書可以改變人的個性、性格，其間之後天環境因素也更可以改變一個人的質量個性。

假若從姓名、文字、數理打開視窗，並深悟參透五行陰陽意境，領悟造字神秘之面紗。

其姓名文字與人之天賦命運、靈動理數、離、枯、旺、盛、損、益、生、長、衰、病、死、絕，其中之前呼後應，其間之相輔相成，必與其先天與後天之變化吉兇徵兆，成敗得失，人、事、物、境之未知數、已知數，以及過去數，榮枯、順逆、吉兇、禍福、長相、個性、氣質、事業、婚姻、財運、健康等等，運程之興衰必有息息相關之應驗性。因而從中進一步可以知曉，宇宙大自然之眞理，乃是陰陽平衡之道，而天地循環之眞理平衡更有其極妙奧之數理玄機。

故數理之五行是一切萬物之大根本，其間之五行生逆順化、生剋互動、易象組合、動靜匹配、陰陽相見、刑沖會合、卦象生成、天運變化，其一數有一數之陰陽體用意境，一字更有一字筆劃之藝術含蘊造化靈機妙玄，以及字理心物之自然法則。

姓名命學其精義之玄奧，變化之莫測，精深博大，浩瀚無邊，姓名文字更是由點與線所組合而契構成，其一線、一點之劃數以及數理靈動、文字結構，不但代表事物文字體用符號，而它更兼具有深奧的天地自然理法，其點線之成局，更孕含象形、會意、形聲、轉注、假借之演變法則。

哲穀爾要知曉—其姓名文字之格局更含蘊人生血脈根源、命盤、動數之六親生化制剋以及後天心理、生理、身體、精神、聰明、才智、賢愚、資質、秉賦、才能基因。

吾人更可以從姓名文字基因數理變化中，探索解剖姓名文字之易爻、卦象、知其天地、陰陽、流年、命盤、格局、運勢，更可以從姓名文字之組合演化而知解領會，命是因果之根，而運是人生旅程時間的演化歷程。

當物以類聚，物事以群分，時代在變，社會在變，家庭在變，風俗在變，人人在變，尤其在順逆之大環境中，更遭逢崎嶇、坎坷、顛簸、危險、鬱鬱深陷、失志、失勢之時，如能知悟領會利用五術、易相、卦數、姓名、文字之造化來探索解析必能達到趨吉避兇之造化。

哲毅爾要知道—運是後天時間與空間之變數，但命確是先天之因果業根宿緣，命運之窮通禍福，全繫在自己，一念之間之思維，人生的生命變數，富貴雖定於命，但窮通更是得於運，必在冥冥之中自有一個定數，成功絕非偶然？

3

命是根本，命是知數？運更是一個未知數，但運亦可藉由個人之造化努力而改變、發揮，自我創造自我，一分耕耘，一分收穫，一分精神，一分事業，複雜的社會，多變的人心，天下沒有白吃的午餐。

哲殺爾要深刻剖析｜人生若能透過姓名文字，打通鑽研姓名文字之精髓命運造化鎖鏈並探索困頓癥結，力爭上游，製造揮灑自性、變化自己，眞正瞭解自己，掌握機緣，改變姓名字格配合知悟「知命」，在每天面臨許多求變的空間中，自己掌握自己，痛定思痛，積極開拓前程，進德修業，自強不息，夢醒惕勵。

不認命，不聽天由命，瞭解人生現實的一面，改造自己的方向、影響自己、推銷自己，有幾分的實力成就幾分的事業，不怨天、不尤人、不落伍、不洩氣、不生悶氣、不生怨氣，讓自己更有志氣，更要爭氣，堅忍沉著，拓展自己，提升自己，樂觀迎向成功，勇敢面對迎接挑戰，看重自己，知道如何改變自己姓名之命格。

改變自己姓名之造化，重新格局定位，爲自己樹立一個正確自己的人生觀，改變看法、實現自己、充實自己、瞭解自己之命格、姓名的性格，進而重新打造自己，改變事業，命運，掌握性格、志向，控制自己變化性格觀念的軌跡。

並以積極態度，反省評估自己本身條件，隨時調適環境，運用天時、配合地利、中符人和以「創命」來「造命」，必可達到轉敗爲勝之奧秘。

今甚喜哲毅又新書《姓名學開館的第一本書》付梓行世，其耐心撰述命書，超越命學提升觀念之轉變，嫻熟突破姓名狹窄視野之框框，精研開端姓名學之體用趨勢，體悟兼籌，細顧剛柔交互爲用，以紮實之經驗法則。

深入探索命學之精義，舉證說明姓名文字之玄機解析，查證詳述驗證事實，通曉訣竅，並做長期的廣泛查證，不停留在筆劃的狹幅、領域，同時更兼顧導引融會貫通全方位之詮釋，樹幟體會行運盛衰之理論，串連姓名學之變通時趣，以務實規則，做有系統、有步驟、言簡意賅，以及命格之特徵、特性，傳承精義與經驗。

吾亦欣喜哲毅天資聰穎、才情卓越，雖身處逆境，猶能專心務本，素善姓名命學，考究整體字義涵機妙諦，大膽縝密整理、有條不紊、自我磨練、揣摩經驗、稽查典故、揭櫫調劑、變化求證。

用實務的思維，迎取新思潮，融會知、命、運、歲之檢驗實證，審愼細研人之一生歲月，始於生而終於死，其所經之人、事、物必與己身之命盤、姓名、格局、四柱、八字互動串連相關。

4

命是生存力，而運是活動力，命之四柱命盤爲根，運與姓名格局是爲葉莖之本花，其命格之生成造化之雄厚，有若木有根則榮，根壞則枯，魚有水則活，水涸則死，燈有膏則明，膏盡則滅，又似屋基之固，屋必穩，苟若基傾，則屋必頹，其理一致。

哲毅更深入探索超越現代化之實際經驗，啓蒙降帳，傳授推命字義註解，廣爲研究，加以運用通俗文字，運用分析、整理、歸納、精演姓名學之概念，埋首伏櫪宅室窗下，突破學習，磋磨瓶頸，撰述繕寫，實例說明，去其俗蔽。古論：學以致用、分門別類、添補新法。

有計畫性、通盤性、不迂迴老道、不呆板拘勢；文字淺顯，研究問題，俾使姓名命學能再次超越氾濫舊例，重新啓開命名姓氏，文字格局之驗證眞理與法則。

其耐心恆堅，日日時時刻刻，自我砥礪，深刻體悟，見解神思，高超的神驗推命，擇其精要，整理潤飾編篡掌握先機，運用自如，降帳設硯解惑，獨闢蹊徑，彙整集結編纂薪傳命學資糧，鉤深致遠，將命學與姓名垂化而教相結合，其論證之精闢中肯，語多機趣，生動活潑，字字珠璣，並以穿壁引光，破解制式論命框框之狹幅，反覆歷練，摒棄神煞束縛。

更運用獨特之見解理論，引伸融通，創新姓名命理，俾使提升姓名文字命學之主流學術地位，其文筆之流暢，論斷詳實精湛，一枝獨秀大放異彩，堪稱命界一絕。

今逢新書付梓之喜，深感誠摯之心，特為謹述點綴數言以資為序。

自序

台灣姓名學的流行，最早起源於日本的熊崎式八十一劃數，當時還沒有其他姓名學的理論可以比較，一直流傳到後來，才發現問題所在，熊崎式的八十一劃數，雖然簡單易懂、原則清晰，但長期驗證下來，其中破綻甚多，讓人覺得不能信服，尤其是「逢四必凶的理論」，並沒有那麼嚴重。身爲五數研究者，爲了追求完備的姓名學體系，各自從不同的角度切入專研，於是發展出許多姓名學派別，其中主要有六大派別，就是本書所介紹的範圍，其他像紫斗姓名學、九星姓名學等等，由於較爲複雜難懂、應用未廣，在此就不予以介紹。

整體而言，六大派別的姓名學，其理論看似完整、內容頗有立論，比起熊崎氏單純的八十一劃數姓名學，確實有過之而無不及，但若深入探究，也僅僅是在邊緣上打轉，還是摸不著門道以進入姓名學理論的核心。因為理論基礎都太過牽強偏頗，沒有把握住姓名學最主要的架構來論述，那個架構就是「三才五格的配置」、「陰陽五行的生剋」，配合「出生年的天運納音五行」，加以組合而成，這個才是姓名學的核心所在。而用字形、字義、字音、筆劃吉凶，甚至是八字喜忌，來取姓名、論斷姓名，都應該在核心架構把握住以後，才拿這些作為輔助參考的依據，而不是一下子捨本逐末，只求表面的虛華，忘了實在的內容，如同「金玉其外、敗絮其中」的柑橘一樣，外表看起來很亮麗，卻沒有什麼價值可言，只能看不能吃，當今的姓名學的觀念大多是如此，一味強求「相生而不要相剋」，使得姓名的作用，如同柑橘的下場一般，聽起來很好聽、很響亮，可是實際上卻沒有任何效果，讓人誤以為姓名學太過膚淺，沒有運用跟研究的必要，如此一來甚為可惜。

本書最大的特色，在於英文姓名學與日文姓名學的理論，有鑒於近年來國際化的影響，台灣為求與世界接軌，在外語教學方面顯得格外重要，為有效增進外語能力，大多數人多半會替自己取個外國姓名，作為學習溝通的第一步，因此姓名的影響就顯得格外重要，所以在這裡爲大家提供簡易的演算方法，來取適合自己的英文或日文姓名，讓大家能夠有個好的開始，有信心接觸國外的文化背景。並且在此宏揚正確的姓名學觀念，使人瞭解姓名學的妙用，因此極力推廣陳哲毅的直斷式姓名、比較式姓名學，不但可以讓人瞭解姓名學的內涵，並能實際的運用以改善自己的人生，也期望後賢能夠精益求精，加以發揚光大姓名學，使姓名學的地位能夠屹立不搖。

姓名強弱無好壞、搭配得宜運方轉

名字有好壞嗎？一般人很希望取個好名，並且爲自己帶來好運。就父母的角度來看，天下父母心，都希望自己的兒女能夠成龍、成鳳，所以子女一出生就馬上替他們取個好名，希望他們能夠出人頭地。就個人的角度而言，取個好字，如果能讓事業飛黃騰達、財源興隆廣進，何樂而不爲呢？尤其是現在工商社會演變的關係，以往男主外、女主內的情況有所改變，女性往往是職業婦女，也要負起養家活口的角色，加上社會功利的心態使然，所以大家在取名字的時候，都希望能夠大富大貴，而且無論男女都要取個好名字，那什麼是好名字呢？一般人的印象就是坊間所說的，八十一劃吉凶數姓名學、生肖姓名學、八字姓名學、九星姓名學、倉頡姓名學的理論基礎綜合，就是筆劃要吉祥數、字形字義要符合生肖、三才五格只要有生不要有剋，要參考八字喜用，音韻要配合等等。

但我們若肯用心，用實際例子來觀察比較，像是以那些達官貴人、政商名流，或是日常生活中看得到的親戚朋友，甚至於是自己的名字來分析，我們就會發現一些問題。例如筆劃數凶數的人，如34劃凶數，在政商界大有人在，而且比比皆是，他們在事業上也不像書上所說那樣「離祖破敗、賤命之格」，而且還位居權貴，這要如何解釋呢？而藝人的姓名，在字形、字義、字音方面完全不符合生肖或倉頡的標準，但卻能在演藝圈大紅大紫，影歌星一個接著一個冒出頭來，他們的名字都不見得論好，但是卻能紅透半邊天，難道藝名不需要符合姓名學理論？反觀自己周遭的人，也會發現名字裡面生多無剋的，貴人應該很多，但日子卻過得不怎麼如意，煩惱憂愁一大堆，也沒有人來幫助，這又做何解釋呢？其實最簡單直接的答案是，那些姓名學理論都太過以偏蓋全，都沒有切中姓名的核心架構，那就是由三才五格的「陰陽生剋」所表現出整個人內在的心態、想法，推及到外在人際關係的應對，而不是論辨這個名字會大富大貴、會疾病疼痛、會有血光意外、會阻礙運勢等，模糊不清，似是而非，帶有嚇人的話語。

這裡不是說坊間姓名學是沒有根據的，因爲任何的事情都要有優先順序跟步驟來執行，不然就會捨本逐末、徒勞無功。一個人要先飽溫穿暖才會考慮到其他理想的追求，一棟房子也是要先有地基架構才能談內部裝潢。這幾年來坊間姓名學的發展一直都停留在空中樓閣式理論，眞正的精髓反而不被重視，就是姓名三才五格架構裡面，五行陰陽生剋的對待，那才是值得研究探討的地方，而不是一再強調單一筆劃數吉凶，或是硬要搭配符合個人生肖形、音、義的字，還是比附八字裡面喜用神的五行強弱來取名字，這都是姓名學理論的小用之處，而不是大用的地方。

姓名有沒有好壞呢？其實姓名沒有什麼好壞之分，因爲是切入觀看角度的不同，像女強人能力好、事業旺、會賺錢，但是家庭跟婚姻生活就不會那麼理想。但是姓名的強弱就有差別，因爲很多時候都是人的一念之差，而這一念之差多半是由於姓名的影響所導致，所以不可以不謹愼。

同八字不同命運、原因出在姓名裡

到底是八字的好壞比較重要，還是姓名比較重要呢？就宿命論的角度來看，八字是先天註定好的，一出生就決定而不可以改變的，就算是父母幫自己的小孩選擇好的時辰來生產，也是父母自行決定的，而不是個人能夠左右的，連出生時的姓名也是透過別人來命名，而非自己能掌控者。但是人生難免會有許多波折不如意事，有時候會讓人感覺到無奈，若自己想有所改變，想積極掌握人生，並且尋求中國傳統命理術數的協助的話，「八字」跟「姓名」的差別，馬上就可以比較出來，而且結果令人驚訝，讓你絕對不敢相信。

那麼到底差別在哪裡呢？想想看，「八字」跟「姓名」比較來看的話，一般人十之八九絕對會先選擇「八字」的演算來解答人生運途的種種疑惑，而不會優先考慮去算「姓名」，這原本無可厚非，但是實際上，很多人在算了「八字」以後，整個觀念都改變了，而且往往是偏向負面消極的，最主要的原因是因爲「八字」是不可以改變的，因此人們會認爲命運已經註定，無論運勢是好是壞都只能坦然接受，聽到好的事情就高興、聽到不好的事情就鬱悶，彷彿生命只能等待預測的事情發生，失去對人生努力奮鬥的熱情，所以有人戲稱「算命是越算越薄」，叫人千萬不要相信，那全是江湖術士用來嚇唬人的。因此算個「八字」都被人懷疑，更不要說去算「姓名」了。但是大家仔細想想看，能流傳這麼久的命理學說，怎麼可能是迷信騙人而沒有根據的理論呢？

姑且不論命理是否爲迷信的問題，因爲任何的學說都需要經過實證，唯有經過實際驗證才能站得住腳。所以就「八字」跟「姓名」放在檯面上比較的話，八字雖然決定了先天的運勢，但是卻沒辦法有任何的更改，僅能預知未來的趨勢，沒辦法有任何積極的轉變，只讓你提前知道尚未發生的事情，這樣註定的命運你甘心嗎？有人會說行善積德可以改變命運，就命理學角度來看，一命、二運、三風水、四讀書、五積德來看，確實不可否認如此的因果關係。但是行善積德最主要的目的，在於修養改變自己的心性，自己心性改變了，對人生的態度就會轉變，命運就會跟著改變，就算沒有辦法扭轉乾坤，但總是能夠讓自己坦然面對，不會產生怨天尤人的想法。而「姓名學」眞正的奧妙處，就是能夠改變自己的心性，透過三才五格的陰陽生剋的搭配，表現出自己內在的態度想法、外在的人際應對，而且其時間作用，如同「八字」一般如影隨形，個人從出生到死亡，無時無刻都在影響或約束個人的心性。因此就算有兩個人出生的八字是相同，但是由於兩人的姓名不相同，雖然八字運勢相同，但彼此對人生的看法態度不同，所以做法上產生差異，命運也就大不相同。因爲相同的八字，絕對無法解釋出不同的命運，爲什麼會有差異呢？這時候我們就可以從姓名裡面找到合理的答案來做解釋，因爲不同的名字，心性就不同，自然對命運的掌握也就不同。

舉例來說，同樣是身強的八字，兩個人應該個性都很強，做事情比較急躁，但由名字來搭配參看，若其中一個人的名字能夠幫助自己，能約束自己的心，另一個人的名字卻沒有辦法約束自己的心，反而還放縱自己的心，兩個人在面臨同樣的問題時，有約束力的人可能會小心翼翼，聽從別人的建議去解決事情，問題可能就大事化小、小事化無，但另一個人可能會獨斷獨行，不聽任何人的建議，因此問題很有可能向滾雪球般，越滾越大。所以說，八字相同不代表命運相同，因爲有名字來幫助轉變的關係，所以有適合的名字來搭配，比起論斷八字要來得重要多了。

目錄

壹

陳哲毅姓名學的基本理論

一、姓名學的基礎

姓名學是以易經的三才（天格、地格、人格）和五格（天格、人格、地格、外格、總格）的五行（金、木、水、火、土）來看生剋變化，因此，學習姓名學的第一步就是認識三才、五格、五行。

在姓名學中，五格是非常重要的，五格代表著流年運勢，也與我們的生活產生密切的關係，其中，天格爲一歲到十二歲的流年，表示長上、父母、老師、祖先、思想、疾病、困厄、工廠、辦公室。地格爲十三歲到二十四歲的流年，表示兄弟姊妹、妻子、子女、朋友、田宅、丈夫、母親。人格爲二十五歲到三十六歲的流年，表示本人的內心與嗜好、精神。外格爲三十七歲到四十八歲的流年，表示奴僕、環境、遷移、丈夫、妻子、兄弟、朋友、外出運。總格爲四十九歲到六十歲的流年，表示財庫、長輩、老師、福祿、家庭運勢、公婆的表現、岳父母的表現、父母的表現、妻舅妯娌間的情形。

五格	流年	代表
天格	1歲～12歲	長上、父母、老師、祖先、思想、疾病、困厄、工廠、辦公室。
地格	13歲～24歲	兄弟姊妹、妻子、子女、朋友、田宅、丈夫、母親。
人格	25歲～36歲	本人的內心與嗜好、精神。
外格	37歲～48歲	奴僕、環境、遷移、丈夫、妻子、兄弟、朋友、外出運。
總格	49歲～60歲	財庫、長輩、老師、福祿、家庭運勢、公婆的表現、岳父母的表現、父母的表現、妻舅妯娌情形。

二、姓名學的基本格式

瞭解了五格中的各格關係之後，現在讓我們來看看分析名字時的格式：

	姓	【　】天格
【　】外格	名	【　】人格
	名	【　】地格
		【　】總格

三、姓名學五格之演繹方法

1. 天格

天格的計算方法：姓氏筆劃數加1為天格，若姓氏為複姓，則以姓氏之筆劃總和為天格。

〔例一〕：劉德華之天格為劉（15劃）加1——16劃。

〔例二〕：蘇貞昌之天格為蘇（22劃）加1——23劃。

〔例三〕：司馬原之天格為司（5劃）加馬（10劃）——15劃。

〔例四〕：馬英九之天格為馬（10劃）加1——11劃。

2. 人格

人格的計算方法：將姓氏的最後一字與名字的最初一字筆劃數相加之總和為人格。

〔例一〕：沈聖佳之人格為沈（8劃）加聖（13劃）——21劃。

〔例二〕：王強之人格為王（5劃）加強（11劃）——16劃。

〔例三〕：林耕辰之人格為林（8劃）加耕（10劃）——18劃。

〔例四〕：原田致宏之人格為田（5劃）加致（10劃）——15劃。

3. 地格

地格的計算方法：名字的筆劃數相加之總和為地格；如果是單名，則將名字的筆劃加1為地格。

〔例一〕：秦漢之地格為漢（15劃）加1——16劃。

〔例二〕：胡茵夢之地格為茵（12劃）加夢（16劃）——28劃。

〔例三〕：張菲之地格為菲（14劃）加1——15劃。

〔例四〕：胡瓜之地格為瓜（6劃）加1——7劃。

4. 外格

外格的計算方法：將名字的最後一個字筆劃數加1即爲外格，若單名則爲假名1加1等於2。

〔例一〕：汪聖杰之外格爲杰（8劃）加1——9劃。

〔例二〕：童中白之外格爲白（5劃）加1——6劃。

〔例三〕：施云婷之外格爲婷（12劃）加1——13劃。

〔例四〕：張菲之外格爲假名1加1——2劃。

5. 總格

總格的計算方法：將姓名中名字的筆劃數相加總和爲總格。

〔例一〕：林聖明之總格爲林（8劃）加聖（13劃）加明（8劃）——29劃。

〔例二〕：鄭爲元之總格爲鄭（19劃）加爲（12劃）加元（4劃）——35劃。

〔例三〕：林福地之總格爲林（8劃）加福（14劃）加地（6劃）——28劃。

〔例四〕：原田致明之總格爲原（10劃）加田（5劃）加致（10劃）加明（8劃）——33劃。

6. 名人格局演繹

〔例一〕：李登輝的姓名筆劃為7、12、15，格局如下：

		李 7	【08】	天格(7+1)
		登12	【19】	人格(7+12)
外格【16】	(15+1)	輝15	【27】	地格(12+15)
			【34】	總格

〔例二〕：陳水扁的姓名筆劃爲16、4、9，格局如下：

	陳16	【17】	天格(16+1)
	水 4	【20】	人格(16+4)
外格【10】(9+1)	扁 9	【13】	地格(4+9)
		【29】	總格

〔例三〕：王菲的姓名筆劃為5、14，格局如下：

	王 5	【6】	天格(5+1)
	菲 14	【19】	人格(5+14)
外格【2】(1+1)		【15】	地格(14+1)
		【19】	總格

四、姓名五行數字的特殊相生相剋

五行，指的是木、火、土、金、水五行，這五行既相生也相剋。相生的順序為木生火，火生土，土生金，金生水，水生木；相剋的順序為木剋土，土剋水，水剋火，火剋金，金剋木。

而阿拉伯數字0至9也和五行有著密切的關係，數字1、2為木，3、4為火，5、6為土，7、8為金，9、0為水。

木（1、2）——生火（3、4）——生土（5、6）——生金（7、8）——生水（9、0）

木（1、2）——剋土（5、6）——剋水（9、0）——剋火（3、4）——剋金（7、8）

在0～9之中，奇數為陽，偶數為陰，五行相同者，陽剋陰。

五行	木	火	土	金	水
陽生陰	1生2	3生4	5生6	7生8	9生0

〔例一〕：王祖賢的姓名筆劃為5、10、15。

	王　5	【6】	天格為土
	祖10	【15】	人格為土
外格【16】為土	賢15	【25】	地格為土
		【30】	總格為水

〔例二〕：齊秦的姓名筆劃為14、10。

	齊14	【15】	天格為土
	秦10	【24】	人格為火
外格【2】為木		【11】	地格為木
		【24】	總格為火

名人格局演繹

瞭解了五行與五格之後，可由下列順序來分析一個人的姓名格局。請注意，分析格局時除了以五行（金木水火土）的相生相剋分析外，遇相同五行時，爲陽生陰（即奇數生偶數）；遇個位數相同時，爲小數生大數（即15生25，9生19……依此類推）；兩數相同時，爲比和（即15與15）。

分析姓名的順序：

1. 天格與人格的關係　2. 人格與地格的關係
3. 人格與外格的關係　4. 天格與地格的關係
5. 天格與外格的關係　6. 地格與外格的關係
7. 天格與總格的關係　8. 人格與總格的關係
9. 地格與總格的關係　10. 外格與總格的關係

例如：王祖賢的姓名筆劃為5、10、15，其姓名格局分析為：

王　5【6】　天格為土
祖10【15】　人格為土
外格【16】為土　賢15【25】　地格為土
【30】　總格為水

1. 人格生天格（人格與天格均為土，所以奇數5生偶數6）。
2. 人格生地格（人格與地格均為土，且為奇數，所以數小者15生數大者25）。
3. 人格生外格（5生6）。
4. 地格生天格（5生6）。
5. 天格生外格（6生16）。
6. 地格生外格（5生6）。
7. 天格剋總格（土剋水）。
8. 人格剋總格（土剋水）。
9. 地格剋總格（土剋水）。
10. 外格剋總格（土剋水）。

又如齊秦的姓名筆劃爲14、10，其姓名格局分析爲：

齊14【15】天格爲土
秦10【24】人格爲火
【11】地格爲木　外格【2】爲木
【24】總格爲火

1.人格生天格（火生土）。
2.地格生人格（木生火）。
3.外格生人格（木生火）。
4.地格剋天格（木剋土）。
5.外格剋天格（木剋土）。
6.地格生外格（1生2）。
7.總格生天格（4生5）。
8.人格與總格比和（人格總格均爲24，稱人格、總格比和）。
9.地格生總格（木生火）。
10.外格生總格（木生火）。

貳

姓名的三才五格，單一生剋關係

三才五格、生剋關係前言

姓名學裡的三才五格共有十種對應關係，就是天格跟人格、天格跟地格、天格跟外格、天格跟總格、人格跟地格、人格跟外格、人格跟總格、地格跟外格、地格跟總格、外格跟總格。每一種格局之間的關係，都有不同的涵義，像是長輩父母、配偶子女、親戚朋友等等，分別代表外在不同的人際關係，跟內在心性的想法觀念，可以從這些格局的生剋當中，找出他人以及自身的個性取向，再由此方向來推論個人的夫妻對待、工作態度、親子關係、理財觀念等等，但由於個性不是單一就可論述的東西，雖然現今提供簡易的方式，來讓大家容易瞭解深入，但若要完整的推斷分析姓名，就必須要十種格局的生剋關係一起搭配才可以，才不會有所疏失遺漏。

一、天格生地格

○天格
○人格　生
○地格
外格○
○總格

此格之人爲人處事，像是要去完成一個目標似的，背負著極大的責任感與使命感。尤其是家庭方面的問題，如家人的健康、小孩的教育，一切日常生活起居都不例外。對朋友也是十分照顧關心，有困難會出面去幫忙解決。工作表現上，是非常傑出盡責的職員，對雇主忠心不二，會向上司進言。故從小到大，背負著父母及長輩的高度期望。此格之人若家庭變故或父母離異，會受到很大的衝擊與影響，連帶其個性、心性及待人處事態度會變了個樣，與先前大不相同。本身個性多思慮，顧慮那個顧慮這個，優柔寡斷難下決定，理財方面態度保守，能守財不會浪費。若加上地格屬水，會有兩種情況，一是此格人心思不寧，見異思遷，主張反覆。二是易搬居所，到處遷移，工作性質不定，常換工作場所。

二、天格生外格

○天格
○人格
○地格
○總格

生

外格○

外格代表好朋友、親戚、同事等，故此格之人人際關係不錯，爲人懂應對進退，個性上非常好相處，他人對自己印象不錯。父母重視子女間的溝通互動，維持家庭的和諧氣氛，所以成人後與兄弟姊妹之來往依舊密切。在工作職場上，很容易受到上司的器重與關愛，不過同時也會背負著壓力，深怕辜負上司的期望。相反的對部屬之管束甚多，會採高壓手段而遭受反彈。意志力較薄弱，不太能堅持己見，男人若此格，其父母極易干涉其配偶的決定，甚至插手一切大小事情，家庭容易有公婆與媳婦的問題。

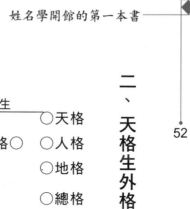

三、天格生人格

○天格 ┐
　　　 │生
○人格 ←┘　　外格○
○地格
――――――
○總格

屬於「得天獨厚」的格局，從小就被父母捧在手掌心，極盡呵護之能事。女性若結婚備受先生寵愛。也因爲一生平順，要什麼有什麼，所以養成嬌縱心態。然生性善於思考，對任何事都考慮得極爲周詳，也會站在別人的立場思考，所以頗得人緣。若婚姻上出問題，也不會大哭大鬧，反而會尋求宗教或玄學上的薰陶，以得到心境上的平靜。

四、天格生總格

○天格
○人格
○地格
○總格
（天格 生 總格）

外格○

此格之人天生好命，凡事都會獲得好運而有意想不到的機緣，易繼承祖上的餘蔭。不論從事哪一行業，都會有一番成就，即使無法富貴逼人，生活上也不用擔心。一輩子運氣平順，唯一令人煩惱的是一樁小事，即是你和配偶的父母合不來，很難與之溝通相處，不過只要不住在一起，或者見面的時間不多，就不會有太大困擾。

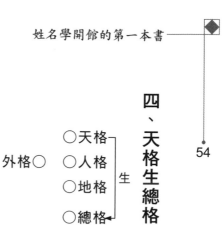

五、天格剋地格

○天格 ┐
外格○　○人格 │剋
○地格 ◄┘
○總格

此格之人誠懇踏實，做事努力，予人信賴感，節儉守財，富金錢觀念。然思慮細密，有事都悶在心中，如此有損健康。腹部以下易受傷、開刀，女人主13歲以後即有婦女病之虞。此格男人婚姻順遂，可娶得賢內助。此格女人爲賢妻良母型，較認命。

六、天格剋外格

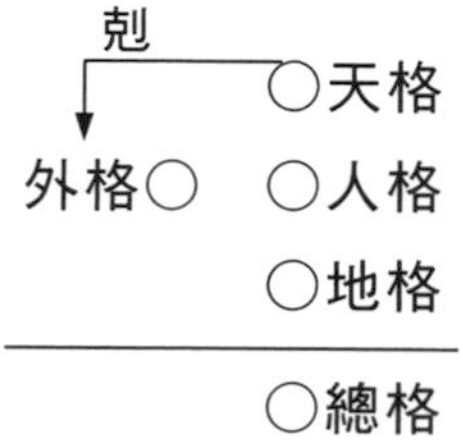

此格之人出外易得貴人相助、提拔，無論在人、事、物各方面都會獲得支持。若爲他人部屬，則可受主管的重視，會給予表現的機會，以發揮自己的長才。若爲老闆，則可得到忠心不二的部屬，能獲得部屬盡心盡力的幫助，事業上能有所突破。不論男女，其配偶皆極爲孝順，會實質表現在行爲上。切記，此命格之人極易外傷，無論是大小碰撞或危險意外，都有可能發生，所以出門在外，或觀光旅遊，行事都要特別注意。

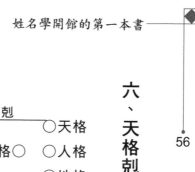

七、天格剋人格

○天格┐剋
○人格◀┘　　外格○
○地格
────
○總格

此格之人心態保守內斂，不會大張旗鼓的求表現，做人處事一板一眼不容馬虎，而且會專注投入直到完成，很容易相信別人的話語，很好請託，易接受他人建議。然稍具神經質，平時會緊張兮兮，行事易患得患失。此格男人多斯文、憨厚老實，然做事缺乏衝勁不積極。此格女人富慈悲心，溫柔賢淑，孝敬尊長，會體貼疼愛配偶。此種格局多爲職業婦女，負擔家庭生計。然行事有時過於心切，不會考慮過於草率。

八、天格剋總格

○天格
○人格 剋
○地格
外格○
○總格

此格之人與父母的關係，稱得上是孝順，但是在想法上未必，所以溝通上會出現問題，有時會違逆父母的意見。尤其對配偶的父母更是會有不恭敬的態度及想法，結婚後若同住在一起，必然會產生許多不愉快的事情，而且弄得雙方都戰戰兢兢。一有機會，就想利用配偶父母的資源，來發洩自己不滿的情緒。心情不佳時會亂花錢，不會考慮本身行爲是否適當，行事間會表現出不成熟的心態，需要多多反省一下，不然會引起他人的誤解。

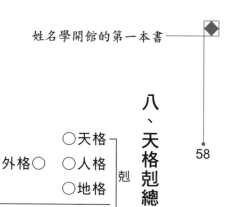

九、人格生天格

○天格 ← 生
○人格
○地格　　外格○
○總格

此格之人很會說話，能言善道，天生聰明伶俐，心思細密早熟，極會察言觀色，懂得看長輩的臉色，易博得長上歡心，因而反會受寵。外表表現自信豁達，可是實際上內心不安，沒有不安全感，情緒上多愁善感，易有悲觀想法。此格女人手段圓滑，懂得應對進退，將人分等級，然後依等級行事說話，算是滿精明事故的人，對上口服心不服，表面上委婉答應，私底下不一定聽得進去，對下得理不饒人，會有強勢的作風，驕縱耍賴，慾望無窮。此格之男人長相斯文，極擅外交辭令，懂包裝善推銷，滿受大家的歡迎。

十、人格生地格

○天格
○人格
○地格
外格○
○總格

（人格→生→地格）

此格的人天生的勞碌命，凡事都會親自去執行，事必躬親不假手他人、力求完美，常予人「雞蛋裡挑骨頭」的感覺，給旁人很大的壓迫感。凡事未雨綢繆，不打馬虎眼，極具責任感。然不善言詞，不會自我推銷，大多默默付出，卻不一定有回報。極注重孩子的教育問題，但因關心而過度囉嗦，造成適得其反的結果，孩子會有不耐煩的情況。個性情緒化，不善處理感情之事，常有「愛在心裡口難開」之苦，在外表冷靜的面具下，是一個很害羞的人。身體之疾多以腸胃、生理病痛居多。操勞過度易傷筋骨，精神上易感疲勞難耐。

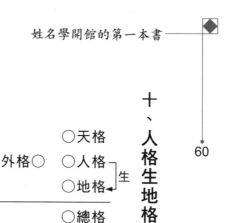

十一、人格生外格

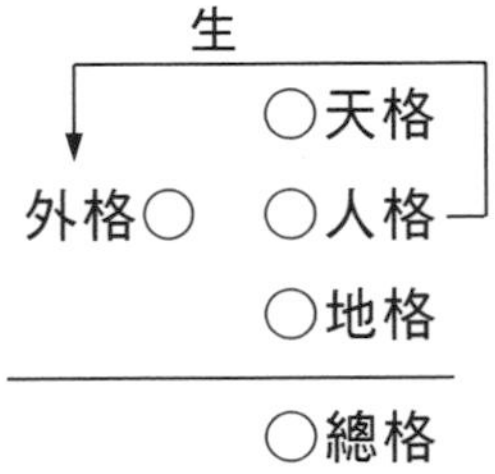

此格之人生性活潑、愛到處亂逛，喜往外跑閒不下來，很愛新奇的事物，容易被流行趨勢引導，女生比男生更甚。朋友的邀請無法拒絕，一旦答應便會做到底，熱心愛面子，不會察覺對方用意，易受朋友拖累，而後會有不信任朋友的念頭產生，行事轉爲保守。意志力與毅力稍嫌不足，做事虎頭蛇尾、半途而廢，無法培養良好的習慣，而成就一番事業。慷慨耗財不節制，不在意花多少，只要大家開心就好，花錢之處即是桃花所在。

十二、人格生總格

	○天格
外格○	○人格 ┐生
	○地格 │
	○總格 ◄┘

此格局的人心地善良，凡事講究義氣，對朋友尤其如此，喜歡幫助弱小，無論對方是誰都會慷慨解囊。對配偶的父母很孝順，無論是講話應對上，或是實質生活起居的照料上，甚至是情感上的交流，都會盡力付出，凡事不計較回報。很有理財概念，很會賺錢，也很會存錢，爲日後生活做打算求保障，但若格局不佳，總有財物流失之虞，不過大體上還算平順。

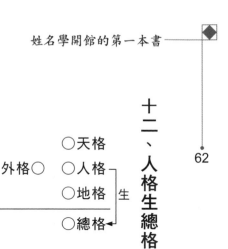

十三、人格剋天格

○天格 ←┐
　　　　　剋
○人格 ─┘　　外格○
○地格
────
○總格

此格之人具有開創的魄力，對於困難不會輕易的放棄，會加倍努力去突破。爲人極富正義感，不畏強權，更不會走旁門左道去解決問題，遇到困難絕不低頭、不妥協，這樣一來也很容易無形中得罪他人而不知。個性踏實固執，不會隨意去求別人的幫助，通常可以白手起家。然性急、專制、蠻橫，較少貴人扶持，會失去滿多發展的機會。此格男人斯文老實，然而個性古怪，非懼內型，但有點自負的傾向。女人則精明幹練，掌控欲強，喜歡發號施令，尤其對另一半。

十四、人格剋地格

○天格
○人格
剋
○地格
外格○

○總格

此格之人是天生的演說家，能言善道、高談闊論，能在短短的時間內聚集聽眾，甚至影響聽眾的想法，因此是一個充滿熱情能吸引他人的人。對家人、配偶、孩子、朋友之掌控欲極強，會介入家庭的大小事情，頗惹人厭煩，孩子雖然很聽話，不過心裡會產生懼怕。此格男人是標準的大男人主義者，極愛面子、大而化之，尤其是出門在外，配偶要多體諒。平時生活容易忘東忘西，當其配偶極為辛苦。女人則強悍幹練，極具交際手腕，個性更是能剛能柔，不喜歡做家務事，事業心強一直想向外發展，適合做業務或公關。

十五、人格剋外格

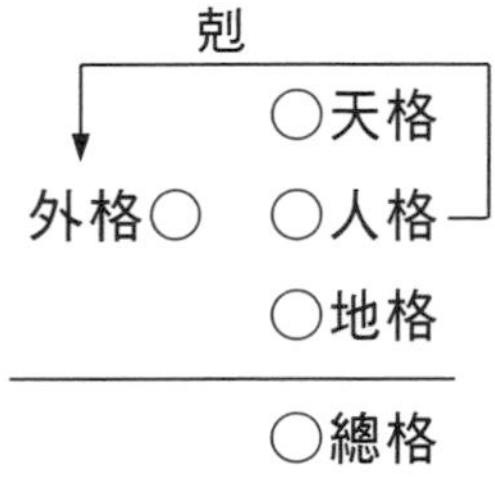

此格之人善經營有特殊長才，做事認眞負責，有遠大的理念，做決策時有當機立斷的魄力，行事作風氣勢強盛，外表具權威性，自我意識高，比較無法屈就他人，較不適合當職員而受僱於人。也有俠士之風，濟弱扶傾，然不易有知心朋友，但喜歡與人交往。深具外交之能力，能屈能伸，具異性緣，不過婚姻的變動性大，因爲性格較兩極化，一下子冷漠、一下子熱情。事業上待人處事瀟脫明快，但恃才傲物，堅持己見，較無法接納他人意見，除非對方是深具權威的專業人士。

十六、人格剋總格

○天格
外格○　○人格
○地格
○總格

（人格 → 剋 → 總格）

此格之人極重視物質享受，經常以享受爲優先，先預支下個月的薪水，故財務上常出現赤字，不容易儲蓄存款。成家之後，對孩子的生活、教育花費更是不吝惜，會替家人準備好一切日常用品。事業上需防大筆投資，因爲勇於孤注一擲的個性，眼光不是很準確，投資前又不三思而後行，產業會轉眼成空。與配偶之父母不合，會有爭吵的情形，故不宜同住，最好是分居。

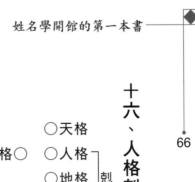

十七、地格生天格

○天格 ←┐
○人格　生
○地格 ─┘
外格○
○總格

此格之人非常有生活品味，有自己獨特的風格，從居家裝潢即可看出。工作方面極爲踏實，不會急著成功想一步登天，投資理財都以零風險爲考量，因此凡事都以穩定爲優先，不會輕易更換工作或變換職業，會慢慢發展自己的才能等待機會。人際關係上特別重視尊長，對父母的付出不吝惜且相當孝順，對長上的要求會盡力做到，不過容易把擔憂的事放在心中，會影響作息與健康，配偶方面也極爲孝順、賢慧能幹。

十八、地格生人格

○天格
外格○　○人格←┐
　　　　　　　│生
　　　○地格──┘
──────────
○總格

此格之人生性聰穎、反應很快，會視情況隨機應變，善於表達自我主張，懂得察言觀色看人臉色，深得長輩喜愛，因此而得到提拔。人際關係上一開始熱絡，而後會慢慢轉淡。極得母親之寵愛，若爲男子，娶妻助益頗大，配偶會是一個好幫手，然配偶會因瞭解而終告分離，尤其是因爲你重物質生活的結果。戀愛時愛享受，重視物質生活，講排場重氣氛。此命格的男人深具女人緣，行事浮躁，喜冒險，責任感稍差，會打腫臉充胖子撐場面。女人則精明幹練，愛打扮喜交際，熱心助人但無法持續，不善做家事帶小孩。

十九、地格生外格

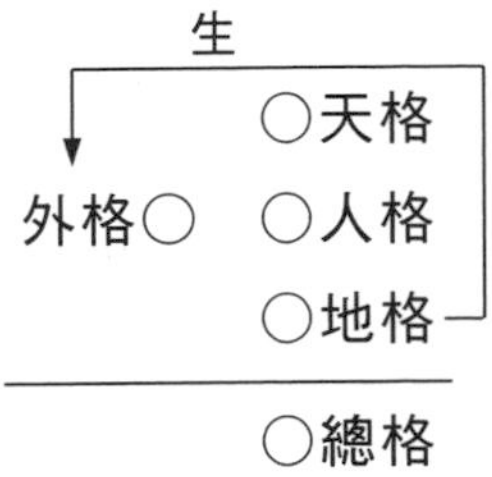

此格之人對外多情，隨和好客，喜歡交際應酬，對朋友有求必應不會計較，大家都比較信任你，到哪裡都容易交到朋友，但由於本身熱心助人，有時候容易受騙上當。戀愛上比較會替對方著想，體貼的程度超乎他人想像，會獲得情人青睞難忘懷。事業上外交能力不錯，適合做人際溝通的中間人。配偶個性亦屬外向，喜歡出外去溜達，易受新奇的事物誘導，在家待不住，在外的時間比較多，自己與配偶兩人志趣相投，然相處上還須多協調。

二十、地格生總格

○天格
外格○　○人格
○地格┐
　　　│生
○總格←┘

此格的人極具家庭觀念，做事非常有計畫，會考慮到未來的發展，凡事皆會考慮到旁人，不會做出不明智的決定。若結婚，即使配偶的父母也在他考慮的範圍內，因此會孝順長上，重視家庭和樂。理財上懂得做長遠投資，加上心思細密，朋友都想與你共事，你因此事事順利，貴人相助不斷。加上懂得包裝推銷自己，在別人面前展現出最完美的一面，在家人面前展現自己最好的一面，讓人無不稱讚。

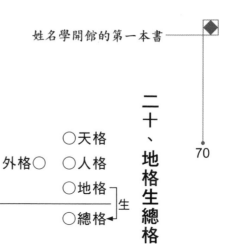

二十一、地格剋天格

○天格
○人格　剋
○地格
外格○
○總格

此格之人好勝心強，做起事來衝勁十足、耐力十足，凡事不服輸，可說是勇往直前，所以事業上有成就。可是因爲聰穎過人流於自以爲是，別人的話聽不進去，不希望受權威的束縛，也不願意放下身段跟有經驗的人請教，造成很少貴人提拔與指導，走很多冤枉路。理財方面花錢大方，一下子就把錢花光，不容易有積蓄可言。由於不容易升遷，所以不妨至異鄉發展，較有成功的可能性。此格之男人，其配偶及母親皆精明能幹，可惜個性不明理，會比較霸道一些，對自身及父親頗有影響。此格者頭部常受碰撞，須注意血光之災。

二十二、地格剋人格

○天格
外格○ ○人格←┐
　　　　　　　　剋
○地格─┘
────
○總格

此格之人是一個標準的好好先生、好好小姐，在家時孝順父母、尊敬長上，全力為家庭付出，自己卻不一定能享受到，寧願自己多辛苦一點，也要讓家人享受最舒適的環境。任何事情都好商量，且耳根子軟好相託，這樣一來最易為家庭所拖累。事業上因為忠心負責的態度，贏得主管及老闆的賞識，有機會獲得重用。對朋友更是兩肋插刀，講義氣重感情，處事為人受到肯定。此格之男人極愛面子，配偶若主見強，比較無法忍受，若為女性則有依賴母親之傾向，成婚後又為丈夫的事業煩心，故不宜早婚。

二十三、地格剋外格

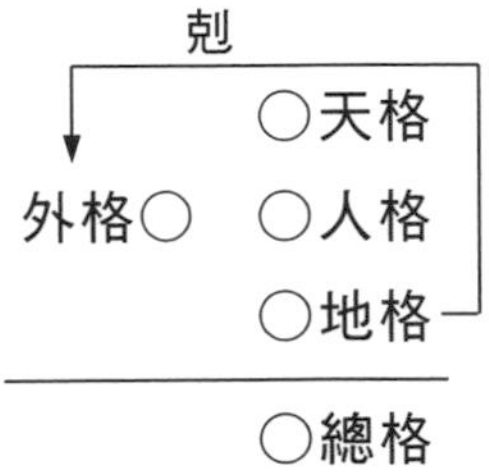

此格之人行事穩重，有自己的一套原則，不希望別人打破這項標準與界限，平時對人防衛心強，理念不合之人就不會來往，不輕易相信任何人。外表溫和多情，但內心未必，會暗中觀察他人的一舉一動。有自己的一套行事標準及原則，雖比較不會得罪人，也因此朋友不多，大家會覺得你心機深沉、城府極深，不敢與你親近。對配偶的事業、交友處處限制，總是不能放心配偶的選擇，也會常常批評，所以兩人之間常起衝突，要多多注意。

二十四、地格剋總格

○天格
外格○　○人格
○地格
　　　剋
○總格

此格之人生性大方，是那種會替對方著想的人，尤其是對家人、配偶，甚至會將積蓄給家人、配偶花用。對朋友慷慨熱誠，不會計較付出多少，因此在外人緣頗佳。出外善享受愛花費，會安排自己的旅遊行程，看似浪費其實是滿有情趣的。結婚後，不宜和配偶的家人合住，比較不會產生衝突。宜將私人積蓄保密，以備不時之需。

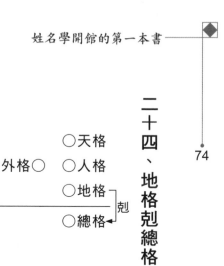

二十五、外格生天格

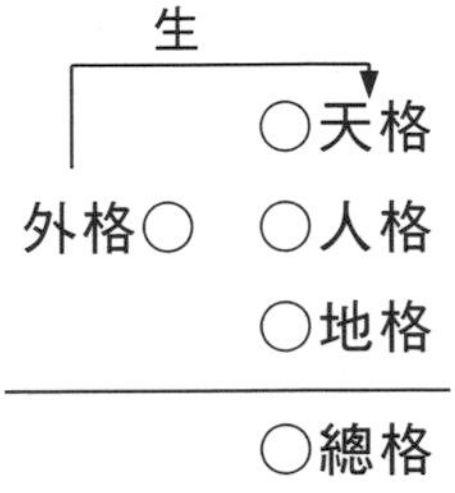

此格之人是天生的夢想家，常常有遠大理想，會主動去幫助別人，但不會計較是否有回報，這一點情況讓你獲得許多不錯的人緣，人際關係上比較能與人親近。不過個性上的缺點是計畫不斷，看似很多很完美，然而只會說說，實際去做的部分卻很少，也因此無法順利達成目標，你應該多培養執行的能力，對於事業上會比較有幫助。平時你常常脫離現實，以致於看法會偏向不切實際，讓人不能認同。戀愛上容易對某些人盲目的付出，卻不知道如何更進一步交往。

二十六、外格生人格

○天格
外格○ —生→ ○人格
○地格
○總格

此格之人多半會有一個爲他全力付出的母親，也因此長大以後仍舊會替自己擔心憂愁，母親會比較勞累。對於配偶與朋友一開始會熱情付出，所以能很快的進入熱絡的狀態，但時間一久就會漸漸降溫，心裡還會出現心不甘情不願的想法，流於頭熱尾冷的傾向。人際關係是好親近後疏離，讓人有一種錯看的感覺。爲人重享受，做事無耐力，然而做任何事懂規畫、沉穩有分寸，算是一項可取優點。若爲男性外表斯文，內在花心。若爲女性則端莊不隨便。

二十七、外格生地格

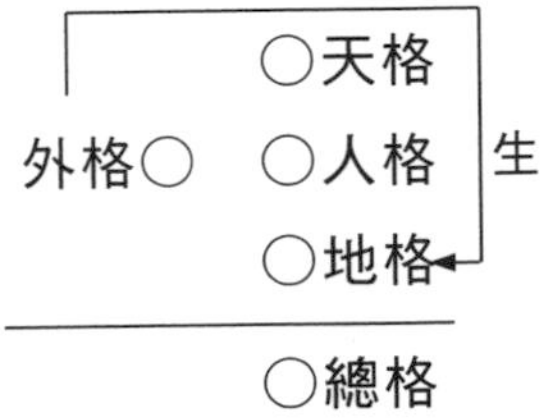

此格之人是十足的悶騷型，也是大家口中的濫好人，看起來溫和內向，爲人忠厚老實，給予人一種可靠的信賴感，大家會主動與之結交。平時重視休閒活動，懂得生活享受。人際關係上凡事替人設想，易受朋友委託，通常都不太會拒絕對方的請求，也常常因此吃悶虧。有自己的一套生涯規劃，就算已有社會地位，也不會滿足現況，反而會更加努力計畫，多方面充實自己，讓自己更上一層樓，算是很上進的人。

二十八、外格生總格

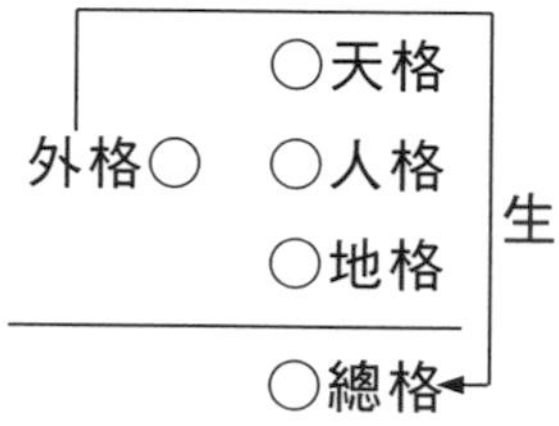

此格之人節儉樸實，做人做事都會踏踏實實的去做，不會敷衍了事，然而對家人、妻小非常大方，寧願自己辛苦一點，也不會讓家人苦到。在購物上能精打細算，會事前規畫費用的分配，把錢花在刀口上，絕不浪費一分一毫，最好是只進不出的情況。感情需求比較淡泊，容易過度自我中心讓配偶受不了，婚姻上最終可能走向離婚一途。即使你擁有孩子的監護權，配偶也不會因此和你繼續往來。

二十九、外格剋天格

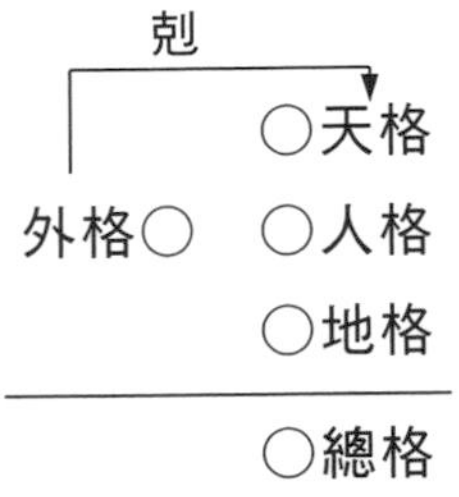

此格之人樂意助人，會有保護弱小的氣概，容易被視爲團體裡面的領袖。處事上獨立自主，有自己的定見，也有自己的人生目標，現實生活中遇到困難不輕易妥協，會想辦法突破，凡事戰戰兢兢，是極適合創業的命格。人際關係良好，常被視爲同儕中的領導者，敬業的態度讓老闆賞識，看起來頗受大家的推崇，實際上內心比較孤獨一些，不像外表那樣堅強。若爲男性，其母親與妻子能力極強，故婆媳常起爭執，不宜同住。

三十、外格剋人格

○天格
外格○　○人格　（剋）
○地格
○總格

此格之人不擅處理感情、金錢等問題，故人際關係在少年、中年時期易受友人拖累，造成對人防衛心強，猜疑病極重的個性，不過這也是一種自我成長上的課題，讓你比較懂得如何與人應對進退，而不受到更大的損失與傷害。若爲男人，則非常有異性緣，身邊不乏追求者，不過要特別注意對方是否是眞心的，在談戀情時需要好好的審視一番。若爲女性看到心儀的對象則勇於追求，這種格局的配偶多半喜歡嘮叨。

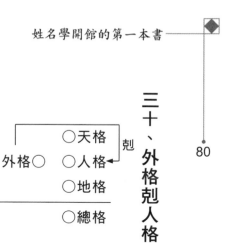

三十一、外格剋地格

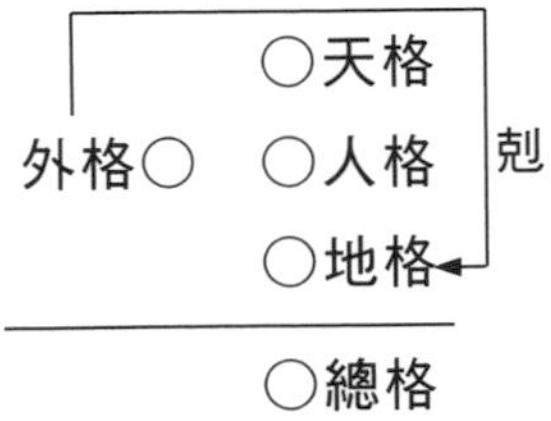

此格之人主觀性極強，不易接受別人的意見，甚至對於別人的意見會大肆批評一番，讓身旁的人受不了這種自以爲是的說辭。本身不能忍耐寂寞，喜歡到處結交朋友，但是又很愛面子，對於自己的意見與他人有出入時，即使理虧也不願意承認，加上愛吹牛的個性，朋友不一定相信自己所講的話，故朋友相處並非融洽。配偶極厭惡你這種反覆的個性，常予以冷嘲熱諷，夫妻之間經常口角不斷，需要留意改善。

三十二、外格剋總格

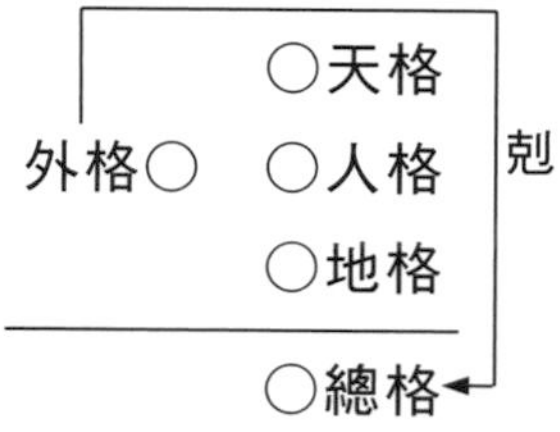

此格之人是標準的「吃軟不吃硬」，不能給予過多的壓力，想要與這種人溝通必須要口氣溫和，不能堅持己見或者否定他的想法，不然溝通是得不到任何成效的。理財規畫上不易儲蓄錢財，喜歡聽人拍馬屁，常將小人當貴人、引狼入室，受到他人不當的指使去投資而散盡多年積蓄。本身若想從商，千萬特別注意，任何投資皆要三思而後行，不可聽信讒言一意孤行。

三十三、總格生天格

○天格 ←
○人格　　外格○
○地格　　生
○總格 —

此格之人生財之道，天生就喜歡賺錢，凡事有計畫的開闢財源，對於金錢事物會特別敏感，凡事都在你的掌握之中。從小極有長輩緣，跟長輩很合得來，與父母或配偶的父母相處非常融洽，在一起生活也無所謂，配偶的父母親更是欣賞你，會支助你們的婚事。若爲男性，則頗得丈母娘之疼愛。結婚前比較不修邊幅，結婚後會比較講究穿著。

三十四、總格生人格

○天格
外格○　○人格 ←┐
○地格　　　　　生
○總格 ─┘

此格之人生財運佳，物質上一生都不會缺乏，結婚後經濟上可得配偶父母的資助，所以用錢滿大方，需要節制一點。出外與人相處，交際手腕非常好，不過由於喜歡出風頭，有時候反而會出問題，要小心遭人忌。會打扮、會推銷，宜在體面的外表下，多多充實自己的內在，涵養不凡的氣質。

三十五、總格生地格

○天格
外格○　○人格
○地格 ←┐
　　　　　生
○總格 ─┘

此格之人其發展如何，主要看人格、地格是否印星重重，就是地、外、天格是否有生人格或地格。若無，則總格是其生命的泉源，財運佳，有機會嶄露頭角。婚後配偶會全力支援，更是一帆風順。弱印星重重則不佳，配偶非但與家人無法相處，在經濟及精神上甚至會成爲負擔。然而此爲概括性原則，因人而異。

三十六、總格生外格

○天格
○人格　　外格○
○地格
○總格（生→外格）

此格之人是一個交際高手，人際手腕高明，待人處世掌握得相當巧妙，尤其是在雙方利益的拿捏上，更是以圓滑爲最高原則，會隨著不同的人、事、物、環境，調整自己的處理方式。然而自己不能吃苦耐勞，對於疲累的情況會比較厭煩。財物方面，喜歡購買物品贈送人，理財規畫能力稍弱，應多培養。若爲男性，十之八九是領導人物，對於朋友好請客，財比較守不住，容易形成浪費要多注意一點。若爲女性則善解人意、個性率直，頗受大家歡迎，人緣還算不錯。追求愛情時往往忽略了婚姻之責任，有點遊戲人間的心態，若論婚嫁宜多考慮。

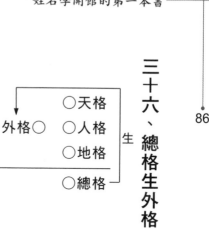

三十七、總格剋天格

○天格 ← 剋
○人格　　　外格○
○地格
○總格（剋天格）

此格之人好勝心極強，不論在求學或就業方面，都希望能爭取最佳的表現，因此算是滿有能力的人。不過自己往往堅持己見，不太能與人妥協，在職場上的意見多與長官、上司不合，這樣一來比較不能獲得升遷的可能。若有其他格剋天格，則父親易生病或離開，也因父親太強勢，使自己受到期待而飽受壓力。成婚後，雙方父母會理念不合，感情比較不融洽，你會成爲夾心餅乾，配偶的父母也不好說服，你要多付出心力來調整應對進退。健康方面，容易有頭痛的困擾。

三十八、總格剋人格

○天格
外格○　○人格 ←┐
○地格　　　　剋
○總格 ─┘

此格之人天生勞心勞力，與錢財多所牽扯，人生中以賺錢爲一生目標，然偏偏錢總是不夠用，會不斷付出心力去賺錢。若格局不錯則爲守財節儉之人，若格局差，則被人視爲守財奴。人生觀較悲觀又疑心病重，宜適度調整自己的觀念，否則一生勞苦不堪。另外有意外發生的可能，如牢獄、血光之災等等，若發生車禍，對生命通常有所危害，要多小心注意。

三十九、總格剋地格

○天格
○人格　　外格○
○地格 ←┐
　　　　 │剋
○總格 ─┘

這種格局的人，一生當中金錢方面不會缺乏，結婚時有父母會資助自己，結婚後，配偶也會在金錢上資助自己，不過容易養成怠惰的習慣，工作上不會那麼認眞，勸你要多多奮發向上，不要讓配偶負擔太重。如果自己創業，會有不錯的部屬，能力都相當優秀，事業發展比較順利。家庭方面，孩子們都很孝順，年老時會給予金錢上的援助，你的配偶對自己的父母也很有孝心。

四十、總格剋外格

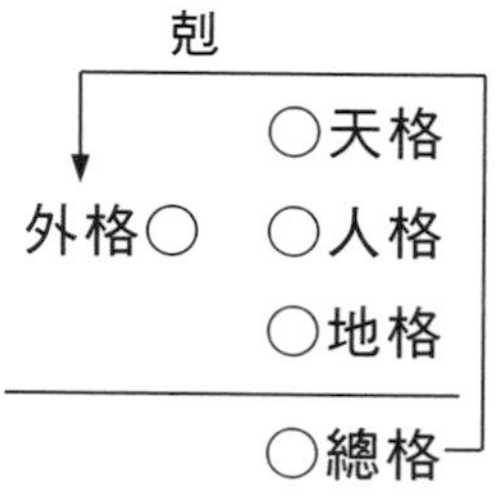

此格之人是天生做生意的料子，精打細算的性格，對周遭的人、事、物皆以利益考量爲前提，善於觀察環境潮流脈動，懂得把握眼前的機會，配合善長察言觀色的本事，達成自己想要的目的，算是滿功利主義的人。不過汲汲追求財富予人一種壓迫感，反而常遭人排斥，惹人嫉妒，因爲你太注重金錢，而忽略了人情味，這是要注意改善的。

四十一、人格比和天格

○天格
○人格　比和
○地格
○總格
外格○

此格之人顯得相當早熟，心思細密，很會察言觀色，總是能掌握不同時機，適時表達自己的想法，得體的應對進退，滿令長輩感到窩心與喜愛。外表上看起來信心十足，其實內心一點把握也沒有，平時多愁善感。婚姻路上不順遂，但不會以哭鬧來解決，反而會尋求玄學、宗教上的薰陶，以獲得心靈上的慰藉。

四十二、人格比和地格

	○天格	
外格○	○人格	比和
	○地格	
	○總格	

此格之人通常是一個有時固執，有時隨和的人，因此會對任何人付出與關懷，尤其是家人或好友，視為稀鬆平常的事情。因此對人不能判斷分別，會有無所謂的心態出現，比較不在乎任何事物，有時讓旁人不能忍受。在家時喜歡處理家中大小事情，會叮嚀家中每一個成員，自己也就容易受到配偶的說教，但配偶是為了關心自己，有什麼事情配偶都希望能夠幫上忙，就算幫不上忙，也會在一旁替你分憂解勞，有不滿也會直接傳達給你知道，容易干涉過度而被你嫌囉嗦。自己對兒女會像朋友一樣溝通，兒女比較會察言觀色，並懂得孝敬長上。

四十三、人格比和外格

比和

○天格
外格○　○人格
○地格
───
○總格

此格之人相當早熟，心思細密，善察言觀色，頗受尊長喜愛。外表信心十足，然內心多愁善感。婚姻不順遂，但不會以哭鬧來解決，反而會尋求玄學、宗教上的薰陶，以獲得心靈上的慰藉。

四十四、人格比和總格

○天格
外格○　○人格←┐
○地格　比和
○總格←┘

此格之人心地善良，對家人及朋友慷慨大方。成婚後對配偶的父母極爲孝順。一生以賺錢爲己任，對自己相當節儉，絕不隨意花費一分一毫，與此命格之人結婚，縱使無法大富大貴，一生也不愁吃穿，生活相當平穩順遂。工作上會盡忠職守，事業上的貴人算很多，自己看到機會雖然會積極保握，但往往沒有仔細考慮，通常會選擇錯誤。自己跟長官的互動溝通不錯，會得到許多人的欣賞與增加人緣，但有時候說話太直接而傷人，有時候卻又不肯透露自己的想法，別人會認爲你不好親近，這是要注意的。

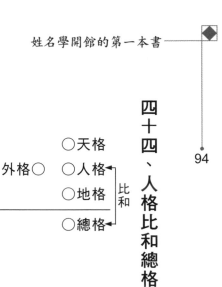

四十五、天格比和地格

○天格
○人格　比和
○地格
外格○
○總格

此格之人極有責任感，對家人或好友，有時候遇到事情不好意思跟他們當面講清楚，會將心事藏在心裡，有時讓旁人無法瞭解自己的想法，進而無法溝通情感，因爲你比較傳統保守一點，這是需要改善的地方。自己比較適合穩定性高的工作，加上自己會有零風險的事業規畫觀念，不太敢冒險，無形中失敗的機會也降低不少。工作上會比較盡心盡力，對於職場上的前輩也會百分之百尊重，事業上的人際關係相對的比較好，被提拔出人頭地的機會當然很多。

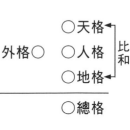

四十六、天格比和外格

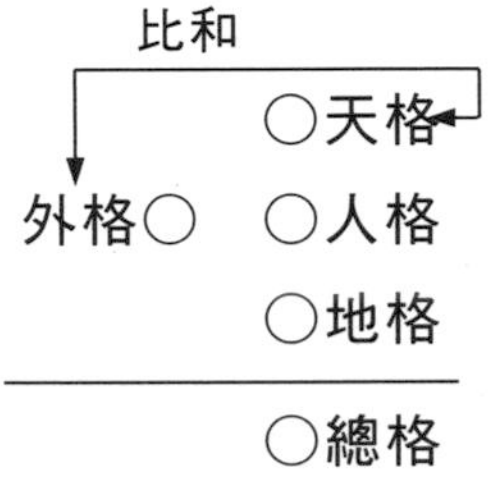

此格之人通常是一個很講求理想的人，因此是一個天生標準的夢想家。對家人或好友，有時候會拚命的對他們好，他們卻不太清楚爲什麼會如此，而你其實也不知道爲什麼，只是盲目的去做某些付出，有時讓旁人心裡起疑心，而防著你，這會讓你顯得不切實際，是需要改善的地方。自己工作熱誠相當強，會跟長官老闆建議一大推事情，與同事相處時，自己常吃虧但不計較，人緣會提升不少，但容易成爲一個濫好人。

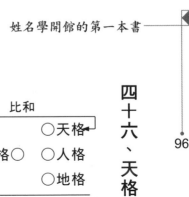

四十七、地格比和外格

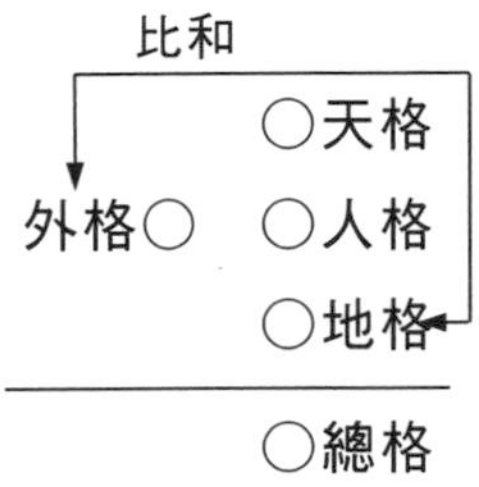

此格之人喜歡向外跑向外發展，在外面時會受朋友影響，比較會聽從朋友的意見，朋友怎麼說就怎麼做，因此易遭朋友利用，而受到不必要的連累。若有戀人或配偶，會對自己在外的行爲約束，並且對自己的交友過濾，自己內心會懼怕另一半一點，但會省掉不必要的麻煩。自己會比較照顧同事，若有不懂的業務問題，會願意幫忙指導同事，你容易成爲辦公室的濫好人，你表現天眞較無心機的個性，讓同事們視情況來佔你的便宜，有時會希望從你那裡得到一些好處。不過你通常都會擺出無所謂的態度。平時重視休閒、喜享受，對於未來有一定的規畫，常常學習以充實自己，非常的上進。

參

十二生肖姓名學

十二生肖姓名學

十二生肖姓名學的歷史源起不久，但卻是是目前坊間最流行的姓名學之一，而且大家是耳熟能詳，最爲人所接受認同。最大的特色是，率先顛覆筆劃或是其他學派的理論，認爲筆劃式的論斷太過籠統，並且錯誤百出，加上筆劃的標準不一，其解釋跟實際生活的例子相差太遠，因此就主張不論筆劃數，只論生肖選字、配字，字形是否正確，是否有破綻，並且說出生的孩子，若姓名當中的字，沒有搭配父母的生肖，將會嚴重影響到父母的婚姻感情、事業、財運、身體健康等等，如此震撼人心的口號。但由於生肖選字、配字的技巧，屬於比較廣泛的領域，有三合、三會、五行或天干、地支的拆解法，不僅學派甚多，而且版本複雜，所以就不詳加介紹，僅僅作瀏覽式的介紹。十二生肖姓名學看似有一定的根據，但在實際統計驗證上，也有很大的缺失與不足，雖然指出了八十一筆劃數的錯誤，但本身是否爲正確的姓名學理論，恐怕還有待商榷。

一、生肖姓名基本法則

姓氏代表意義

用來分析少年運10歲、父母、長輩的關係、功名、升遷運、頭部以下的健康……。

名字一代表意義

用來分析中年運20歲、兄弟姊妹、男女朋友、工作同事的關係、夫妻緣分深淺、自我表達能力、個性想法、人際關係、腹部的健康……。

名字二代表意義

用來分析老年運41～60歲、子女、晚輩的關係、財運、事業運、妻子、福報、腹部以下的健康、情緒的好壞、性生活好壞、女性子宮的強弱……。

二、十二生肖基本字型字義介紹

(一)、鼠

有利的字型字義：

喜歡洞穴、披彩衣、有王掌權、帶冠、吃五穀、有水、有木、有武器字形、有龍或猴三合字型、有豬或牛三會字形……。

不利的字型字義：

不喜歡人（過街鼠、人人打）、不喜歡火（水火不容）、肉（不得食）、馬（子午沖）、羊（鼠羊相遇一旦休）、奔跑（逃命）、太陽（見日不利）……。

(二)、牛

有利的字型字義：

喜歡洞穴、吃五穀、有水、有木、有草、有田、有柵欄、有蛇或雞三合字型、有鼠或豬三會字形……。

不利的字型字義：

不喜歡人、火、肉、馬、羊、狗、龍等字形、披彩衣（被當作祭祀）、帶冠、武器、奔跑……。

(三)、虎

有利的字型字義：

喜歡洞穴、披彩衣、有王掌權、戴冠、吃肉、有山、有水、有木或森林、有奔跑字形、有馬或狗三合字型……。

不利的字型字義：

不喜歡人、五穀、龍（龍虎相爭）、蛇、猴、開口字形、草原、平地、武器字形……。

(四)、兔

有利的字型字義：

喜歡洞穴、披彩衣、五穀、有山、有水、有草、有木或森林、有柵欄、有羊或豬三合字型……。

不利的字型字義：

不喜歡人、肉、日、龍、虎、蛇、雞字形、戴冠、有王掌權、奔跑、武器字形……。

(五)、龍

有利的字型字義：

喜歡日月、披彩衣、有王掌權、戴冠、有水、天上飛、有鼠或猴三合字型……。

不利的字型字義：

不喜歡人、吃肉、五穀、虎（龍虎相爭）、兔、牛、羊、狗字形、奔跑、洞穴、森林、武器字形……。

(六)、蛇

有利的字型字義：

喜歡洞穴、披彩衣、有王掌權、戴冠、吃肉、有火、有木或森林、有雞或牛三合字型、有馬或羊三會字形……。

不利的字型字義：

不喜歡人、五穀、虎、豬字形、太陽、武器字形……。

(七)、馬

有利的字型字義：

喜歡洞穴、披彩衣、有王傳令、有人、五穀、有火、太陽、武器、有柵欄、有平原、有木或森林、有奔跑字形、有虎或狗三合字型、有蛇或羊三會字形……。

不利的字型字義：

不喜歡肉、鼠、牛、水、木字形……。

(八)、羊

有利的字型字義：

喜歡洞穴、太陽、五穀、柵欄、有人、有木、有平原、有森林字形、有兔或豬三合字型、有蛇或馬三會字形……。

不利的字型字義：

不喜歡吃肉、有水、鼠、牛、狗、龍、披彩衣、有王掌權、奔跑、武器字形……。

(九)、猴

有利的字型字義：

喜歡洞穴、披彩衣、有人開口、有王掌權、有柵欄、有平地、有草原、有森林、有奔跑字形、有鼠或龍三合字形、有狗或雞三會字形……。

不利的字型字義：

不喜歡吃肉、五穀、虎、豬、武器字形……。

㈩、雞

有利的字型字義：

喜歡洞穴、披彩衣、有五穀、有王戴冠、有平原、有木或森林、有柵欄字形、有蛇或牛三合字形……。

不利的字型字義：

不喜歡人、吃肉、太陽、兔、狗、交叉、奔跑、武器字形……。

(十一)、狗

有利的字型字義：

喜歡洞穴、披彩衣、有王掌權、戴冠、吃肉、有平地、有木或森林、有柵欄、有交叉、有奔跑字形、有虎或馬三合字型……。

不利的字型字義：

不喜歡五穀、有太陽、龍、雞、牛、羊、開口字形、武器字形……。

(十二)、豬

有利的字型字義：

喜歡洞穴、柵欄、五穀、有平地、有草原或森林、有兔或羊三合字型、有鼠或牛三會字形……。

不利的字型字義：

不喜歡人、吃肉、披彩衣、太陽、有王戴冠、蛇、猴、奔跑、交叉、武器字形……。

三、十二月生肖姓名學案例

例一：同姓但卻不同音、不同命運有原因

兩個生肖都是屬龍的女性，一個名字是「華」，另一個名字是「樺」，筆劃差兩劃，如一個叫周珮華，另一個叫周珮樺，名字的音雖然相似，心性和貴人運相差十萬八千里，不過不是因為所屬生肖的關係，是由於姓名格局的影響。

A.

		1	
	周	8〉	9水
	珮	11〉	19水
土15	華	14〉	25土
			33火

B.

		1	
	周	8〉	9水
	珮	11〉	19水
金17	樺	16〉	27金
			35土

十二生肖姓名學解法

生肖姓名學重視字形字義，若是姓名搭配到不適合生肖的字，那麼表示這個姓名不好，若在天格表示跟父母、長輩無緣，關係較爲冷淡，貴人運也較差，若是人格的話，表示自己個性急躁，才華沒辦法展現，人際關係較差，事業受到阻礙，若是地格的話，表示感情不順利，婚姻也不美滿，財富方面存不到錢。但上述的兩個例子，卻剛好跟生肖姓名的理論相左。

就生肖理論來看，前者叫「周珮華」，屬龍的喜歡稱王，因此就「珮」來說，是相當不錯的，又剛好在人格的位置，表示具有領導能力，能夠掌權，本身交友廣闊，人際關係顯得相當順暢，因此貴人運旺盛，能夠積極開展事業。但第三的字的「華」，對屬龍的來說，由於不喜歡草字形，因此是不好的名字搭配，會影響到感情的交往、婚姻的幸福，在錢財方面比較存不住。後者叫「周珮樺」，僅僅相差一字，也是生肖屬龍的，因此也喜歡稱王，所以「珮」字來說是不錯的，又剛好在人格的位置，也代表各方面都相當順利。但第三的字的「樺」，對屬龍的來說，由於不喜歡木字形、草字形，因此是不好的名字搭配，會影響到感情的交往、婚姻的幸福，在錢財方面比較存不住。

若用生肖姓名學理論來講，後者的「樺」字比起前者多了「木」字邊，因此不利的影響會比較明顯，而且問題會嚴重許多，在感情、婚姻、財富上會比較吃虧。可是現實生活中，前者不如生肖姓名說的那麼好，反倒是事業沒辦法開展，欠缺貴人來幫忙，什麼事情都要勞心勞力，才能有所收穫，人際關係上不懂交際應酬，常常講話得罪人而造成困擾。後者反倒是，出門能夠得到人緣，做什麼事情都有貴人幫助，人際關係方面，懂得察言觀色，可以抓住他人的心，在事業上對公關或業務都很有助益。

爲什麼會有如此差別，這是因爲生肖姓名學，太過重視字形字義，而忽略了姓名三才五格，當中陰陽生剋的重要性，只抓住了姓名表面的涵義，而沒有深入姓名理論的核心的緣故。兩個人的姓名格局，才是決定後天個性的最大因素，字形字義不是不可取，而是輕重緩急要分清楚，先求適合的三才五格架構，再來講究字形字義，才能達到畫龍點睛的效果。

陳哲毅比較式姓名學解釋

A格局為天格生人格、地格剋人格、外格剋人格、人格剋總格、天格剋總格，天生苦旦型，工作勞碌認眞負責，對長上、父母的任何要求都逆來順受，盡力去完成，只因名字中被剋的多，直率而不善推銷包裝自己，貴人運欠佳，凡事靠自己打拚，說話不懂得考慮修飾，常無意中得罪他人，若天運來生或來剋，能導致偏頭痛或神經衰弱。

B格局為天格生人格、地格生人格、外格生人格、總格剋人格、地格生天格、外格生天格，只因名字中被生多，穿著打扮雖不搶眼，但氣質渾然天生，人緣好很有異性緣，懂得噓寒問暖，交際手腕極好，頗得長輩父母疼愛，貴人運強，臨場反應靈敏機智，本身對工作配合度高，唯一的缺點是人格被包，在理財方面較不會規畫，常有寅吃卯糧的情況，情緒上又太感性，對待配偶起伏不定，婚姻之格並不平順，意外災害多，若天運來生來剋更為明顯。

例二：姓名有緣叫同音、同病卻又同相憐

兩位女性的生肖同樣都屬雞，一個叫鄭秀玉，一叫鄭秀鈺，名字都是玉的相關字，筆劃不同，但兩個人的個性和勞碌狀況卻是同病相憐。但若用生肖姓名學來論斷，兩人的姓名都是符合生肖的上上之選，尤其後者多了「金」字邊，所以應該比前者要好，在地格方面也會比較理想，但事實上並非如此。

A.

		1	
	鄭	19 〉	20水
	秀	7 〉	26土
土6	玉	5 〉	12木
			31木

B.

		1	
	鄭	8 〉	20水
	秀	11 〉	26水
木11	鈺	16 〉	17金
			36土

十二生肖姓名學解法

依生肖姓名學來看，兩人的姓氏「鄭」來看，對生肖屬雞的是相當有利的，因此在天格的部分顯得相當不錯，跟父母、長輩的互動良好，先天貴人運好，能得到額外的幫助，對事業的開展比較順利。在「秀」字方面，秀字的「禾」表示五穀，也就是糧食的意思，對生肖屬雞的來說，是相當吉祥的字型，表示工作上辛勤的付出，就能有收穫跟回報，物質方面不匱乏，生活過得富裕，人際關係方面，常常有交際應酬，交友顯得廣闊，對自己能有實質幫助。地格方面兩人有的玉是「王」字形，表示能夠一鳴驚人，出人頭地，尤其後者「鈺」多了「金」邊，應該更是吉祥，能得到配偶或子女的幫助，跟家人的相處關係上，也會十分融洽愉快。

但現實生活中，兩人並沒有生肖姓名學所說那樣的吉祥富貴，不僅運勢每況愈下，而且人際關係跟感情婚姻方面，顯得非常糟糕，經常跟人家起衝突口角，以致於身邊的小人不斷，沒有什麼貴人運，感情交往上挫折多，容易想不開而鬧情緒，婚後跟配偶觀念不合，時有爭吵冷戰，若嚴重的話，恐怕離婚難免。對子女的溝通教育上，更是困難重重，跟子女有隔閡代溝，無法獲得子女的認同，親子關係非常緊張。

爲什麼會如此呢？原因是因爲兩人的姓名格局的影響，三才五格的生剋所導致，使得兩個人的個性如此，對事物的觀念看法、處理問題的態度、人際關係的協調等等，有了如此的人生際遇。而非生肖姓名學所說，取了符合生肖的字型字義就能改變，那種改變不是沒有，而是相當有限、作用也不大，只不過是表面文章，而不是眞正的門道。眞正的姓名學著眼於三才五格的格局配置，裡面陰陽生剋的變化，產生個人心性的差異，對人、事、物不同的瞭解，對待方式自然也就不同。所以說不是由生肖來決定個人姓名的好壞，然後運勢有所高低，而是姓名本身的格局來決定本身的個性，由個性來說明人生際遇的差別。

陳哲毅比較式姓名學論斷

A格局爲地格剋人格、人格剋天格、外格生人格、天格生地格，天人地外四格單陰，外表出衆亮麗，穿著時髦入時，工作能力很強，但與同事相處並不和睦，講話直接且衝，不顧後果，不懂得圓融和適度包裝，遭遇小人多，初識者會被誤以爲是女強人，其實內在優柔寡斷，凶卻無膽色，缺乏客觀的判斷，與配偶有事沒事會吵得歇斯底里，情緒化的結果，使婚姻挫折多。

B格局爲人格生地格、人格剋天格、外格剋人格、人格生總格、地格生天格，一生無貴人相助，靠自己獨立，身體體質虛弱，話不多說不會三姑六婆，但卻沒有親和力，教導子女採斯巴達教育，一個口令一個動作，很多事很堅持固執，女孩十五歲以前還聽得進去，長大了就會認爲她是老古板，導致有嚴重代溝，愈老越孤獨，最後只好投入宗教活動，來寄託自我心靈。

例三：兩人同爲女兒身、個性打扮姓名造

兩個生肖屬兔的女生，而且名字都叫好雯，一個叫何好雯，一個叫林好雯，不同的姓氏的兩個人，從個姓到穿著打扮、出手完全不一樣，這是由於姓氏造成筆劃格局不同

的影響，而不是由於生肖的緣故。

A.

		1	
	何	7〉	8金
	好	7〉	14火
火13	雯	12〉	19水
			26土

B.

		1	
	林	8〉	9水
	好	7〉	15土
火13	雯	12〉	19水
			27金

十二生肖姓名學解法

依生肖姓名學來說，前者的姓名為何好雯，「何」有「人」字邊，對屬兔的來說，是不喜歡見到的字，所以不是很理想。「好」字的話，是屬於「鼠」字形，有「子」水的味道，因此字形字義上是有利的，運勢方面會不錯。而「雯」字，上面有「雨」部，因此有帶「水」的意思，對屬兔來講是又利，但是雯屬於「龍」字形，龍兔不適合在一起，因此這個字是凶中帶吉的，對自己的影響有好有壞。而後者的姓氏是「林」，兔子喜歡森林，因此是大吉大利的字型字義，在天格的部分會非常的好，跟父母、長輩關係良好，容易有貴人幫助，而姓名其他部分的影響，都跟前者相同。

如果單就生肖姓名來看，兩人應該只有天格的影響是不同的，其餘的部分應該相去不遠。可是實際生活中，兩人的際遇不僅不同，而且也沒有生肖姓名學說得那麼理想，尤其是後者，幾乎與生肖論斷完全相反，跟家人或長輩的關係緊張，彼此很難溝通協調，雖然出外有貴人幫助，可是由於太過固執己見，最後還是沒辦法友好結果，尤其是感情婚姻方面，不僅很難尋找對象，將來離婚的機會也很高。反觀前者的姓名，生肖姓名給予較差的評價，可是卻不是如此，貴人不但很多，而且本身謙虛有理，人際關係不錯，加上懂得聽進父母、長輩的話，所以失敗的機會較少。爲什麼會如此呢？因爲生肖忽略三才五格配置的重要性，沒有深入分析當中陰陽生剋的對待關係，所以才會斷章取義，出現不客觀的評斷。如果能先重視三才五格的架構，再來求生肖字形字義的搭配，這樣的姓名取用才能有錦上添花、相得益彰的效果。

陳哲毅姓名學解釋

A格局為地格剋人格、人格剋天格、地格剋外格、人地水火剋，給人的第一印象不錯，外表亮麗搶眼，撫媚動人，很容易吸引異性的青睞，造成異性緣與桃花不斷，不過內在倒是很謙虛，不會帶有嬌氣，別人的勸告都聽得進去。

B格局為人格剋天格、人格剋地格、外格生人格，平時穿著隨便，不太引人注意，氣質看似溫文高雅，但只是表面功夫，內在脾氣卻拗得很、很固執，事業上遇到失敗的情形多，婚姻對象很難找，對外人尚留餘地，懂分寸進退，對家人卻一點耐心也沒有。

肆

易經卦象姓名學

一、易經跟姓名的關係

易經是中國的群經之首，也是所有五術的源頭，其影響深遠，舉凡天文、地理、歷法、政治、軍事、醫藥、建築、占卜等等，都是由易經演變出來的，所謂的易經就是八卦（乾、兌、離、震、巽、坎、艮、坤）的組合，延伸出六十四卦的卦象，透過卦象來推演事物的變化，以及判斷結果的吉凶好壞。如何將易經卦象運用在姓名學裡呢？就是透過姓名裡面的筆劃數來起卦，就可以得知個人名字的卦象爲何，翻閱易卦經文或透過其他方式的解釋，用來推斷個人各方面的運勢高低，明白吉凶好壞。

二、姓名卦的取法

姓名卦的取法，就是利用名字的部分來起卦，名字第一個字的筆劃數當上卦、第二個字筆劃數當下卦。若是姓名只有兩個字的話，通常就取筆劃數「1」作爲下卦。

附表：

乾卦	1、9、17
兌卦	2、10、18
離卦	3、11、19
震卦	4、12、20
巽卦	5、13、21
坎卦	6、14、22
艮卦	7、15、23
坤卦	8、16、24

姓名取卦範例一：

蕭
薔【20】→上卦：震卦(4)
【 1】→下卦：乾卦(8)
————姓名卦→大壯卦

姓名取卦範例二：

王
力【2】→上卦：兌卦(2)
宏【8】→下卦：坤卦(8)
——————姓名卦→萃卦

三、易經卦象姓名學案例

例一：女子巧合叫同名、因姓造化命不同

取名同樣叫巧慧的兩個女子，一叫白巧慧，一叫朱巧慧，兩人的能力和受寵度卻大有不同。若用姓名易卦的解釋，由於兩人的筆劃一樣，所得的卦象自然也就相同，照理說應該運勢各方面都相似，但實際上卻不是如此。

A.

		1	
	白	5〉	6土
	巧	5〉	10火
土16	慧	15〉	20水
			25土

B.

		1	
	朱	6〉	7金
	巧	5〉	11木
土16	慧	15〉	20水
			26土

姓名易經卦象解法

依照姓名取卦的方法，兩人上卦都是五劃爲巽卦、下卦都是15劃艮卦，得出來的卦象是風山漸卦。依據風山漸卦的論斷來看，兩人是很注重生活享受，思慮很愼密，喜歡追求多變的生活方式，愛出外旅遊，工作常變換不定，口才良好，說服力強，對朋友很熱心，很受他人歡迎，常有貴人出現幫助，桃花異性緣重，婚姻幸福美滿，財富也相當豐厚，很早就能出名成功，是屬於吉祥的卦象。

但是實際上卻不是如此，兩人不但生活方式有所差異，而且人際、婚姻也大不相同，沒有上述說得那麼理想。前者個性強勢，什麼事情都想管，但卻一板一眼，讓人難以信服，又不好說服溝通，人際上、婚姻上都很吃虧，經常有摩擦產生。後者頭腦動得快，什麼事情都喜歡插手，但懂得應對進退，拿捏分寸得當，也比較好溝通商量，但必須視情況來決定，人際、婚姻較爲圓融。

易經卦象姓名學，是可以當作參考，但並非眞正的姓名學理論，因爲它只是一種簡易的應用方式，比較屬於占卜的理論，但因爲欠缺三才五格的陰陽生剋解釋，所以解釋上僅能看表面，而不能完全滲入核心。

陳哲毅比較式姓名學解釋

A格局爲天格剋人格、人格生地格、外格剋人格、總格剋人格，任何大小事情，都會當成自己的事情去處理，整天埋首辛勤有如女強人，個性又封閉不陽光，常擺出一副苦瓜臉，也不懂得自我包裝打扮，沒有什麼女人韻味，老公不太寵愛，難享夫妻恩愛之樂。

B格局爲地格生人格、天格剋人格、人格剋外格、人格剋總格，眼界理想高，做事講求效率與速度，待人處世圓融，打扮氣質出衆，相夫教子有一套，理財能力不錯，善用頭腦，勞心而不勞力，唯一小缺點是要求完美，不希望有瑕疵，老公或孩子如不能配合，可能會大發脾氣。

例二：同名姓氏異、天與地之差

若是兩個都叫小安的女子，一個叫陳安，一個叫張安，由於姓名格局的差異，三才五格架構也不同，兩人人生的境遇可是天與地之差，但用姓名的卦象來論斷的話，兩人卻應該是相似的。

A.		1	
	陳	16〉	17金
	安	6〉	22木
木2		1〉	7金
			22木

B.		1	
	張		12木
	安	11〉	17金
木2		6〉	7金
			17金

姓名易經卦象解法

依照姓名取卦的方法，兩人上卦都是五劃為坎卦、下卦都是1劃乾卦，得出來的卦象是水天需卦。依據水天需卦的論斷來看，表示兩人個性保守，謙虛有禮，很能討長輩的喜愛，一生多貴人幫助。與人交往態度誠懇，但知心的朋友卻不多，人際關係互動較少，重視精神生活，喜歡接近宗教，有藝術的天分，凡事需要經過時間的培養和醞釀，事業要磨練方能出頭，可談感情但不適合早婚。

若單就卦象論斷來看，表面是可以看到兩人相似的地方，但在彼此內心的想法，卻不是如此簡單，各有自己的心思，雖然是一樣的舉止動作，卻會換來不同的結果，這是因為觀念不同所導致，由名字的三才五格架構所影響，並非單純的姓名取卦就可以論斷。前者內心衝突多，但不容易表現，平常受到意外災害，或者小人陷害的機會多，因為自己好強，不願意拍馬奉承，人際關係不圓融的緣故。後者內心卻大膽積極，凡事敢勇於建議，不過卻懂得看他人臉色，而視情況來應對，講話上比較圓融，讓人能聽得進去。

姓名學的理論，還是要由三才五格的陰陽生剋來作解釋，才會比較理想圓融。而非單就姓名起卦來論斷，因爲相同的卦象，個性、各方面的態度，就必定相似，但實際上結果卻不是如此，因爲姓名取卦雖然便利，但難免過於斷章取義，而忽略了姓名完整架構的重要性。

陳哲毅比較式姓名學解釋

A格局爲天格剋人格、地格剋人格、地格剋外格、地格剋總格、天格剋總格、地格生天格、外格生人格，外表看似安靜沉穩，心機重城府深，但人際關係欠靈活不夠圓滑，令人難以接近交談，但實際上別人的請求都會答應幫忙，只因地格剋外格，不擅表達情感會隱藏起來，天地同剋人格，易受壞朋友拖累影響，婚後常被老婆管束，平時只能藉酒後吐眞言，有開快車習慣，卻是一等一的幕僚，軍師人才。

B格局爲人格剋天格、地格生人格、地格剋外格、人格剋外格，境遇雖然比陳安好很多，從小被父母長輩疼惜，懂得善解人意，自信心十足，眼界也高，但配偶對他會百分百照顧，把他包裝成好丈夫、好爸爸，能力好不甘屈居人下，會想自行創業，即使做上班族，也都是位於領導階級，只是從小到大，大大小小毛病不斷，如果又逢天運來生、來剋，頭部更易受傷。

例三：同名卻因不同姓、公婆媳婦遙相望

同名不同姓的兩個人，若只親暱稱呼，兩個名字叫的都一樣，但因姓氏筆劃差一劃，娶的老婆就不同，夫妻彼此對待不同，自然公婆與媳婦的關係也不同。

A.	1	
	7〉	8金
	12〉	19水
火14	13〉	25土
		32木

B.	1	
	8〉	9水
	12〉	20水
火14	13〉	25土
		33火

姓名易經卦象解法

依照姓名取卦的方法，兩人上卦都是12劃爲震卦、下卦都是13劃爲巽卦，得出來的卦象是雷風恆卦。依據雷風恆卦的論斷來看，表示兩人做事情積極主動，很有擔當，頭腦反應快，還頗有才華，事業能得到貴人幫助，但通常需要自己的努力，感情方面，屬於天賜良緣，彼此能互相珍惜，夫妻關係甜蜜，能夠長長久久；家庭方面，男主外、女主內，家庭氣氛和樂。

就卦象所言，兩人各方面都不錯，而且恆卦主婚姻，代表家庭氣氛和樂。但實際生活上，卻不如卦象所說，而且兩人的情況完全相反。前者的話，自己沒什麼主見，做事情不知變通，但願意踏實行事，婚姻關係方面，會比較尊重老婆的意見，老婆能幹持家，會願意配合公婆的意見。後者的話，雖然想自我主張，但容易被打壓，內心情緒容易不平，不是很穩定，配偶又強勢，喜歡掌控指揮，兩人經常有口角，但卻無法溝通改善，老婆對公婆不會客氣，敢怒敢言。

兩人姓名起卦相同，但結果卻不如實際，不是因爲姓名起卦不準確的緣故，而是姓名起卦僅是看個人，偏重單方面的考量，而沒有考慮周全，所以才會有如此的結果。因此要論斷姓名，還是必須依照三才五格的架構，來做全面的考量，會比單一卦象來得準確多了。

陳哲毅比較式姓名學解釋

首先提醒一點，老婆和公婆彼此的互動與對待關係，一半以上就看丈夫的姓名格局來決定。

A格局的男人，爲地格生天格、天格生人格、人格生總格，保守呆板，做任何事都是守舊不會變通，膽子不太大，企圖心較小，不懂得包裝或表達自己的情感，老婆對公婆的命令或話語服服貼貼。

B格局爲地格剋天格、人格剋總格、地格剋人格，本身抗壓性低，不能受到刺激，做事容易歇斯底里，完全依自己的情緒，事業工作上起伏不穩，老婆態度強勢，自我主張很強，對公婆豪不假以辭色，說一不二。

伍

天運姓名學

一、什麼是天運姓名學

天運姓名學是透過六十甲子的年干，經過五行納音的方式，得知個人出生年的五行屬性，然後在取用姓名的時候，所配置的三才五格（天格、人格、地格、外格、總格）五行屬性，會盡量跟天運五行來相生，而避免跟天運五行相剋的情況。一般來說，「天格」代表12歲，「人格」代表25歲~36歲的運勢，是中年階段的運勢，「地格」代表13歲~24歲，是求學階段的運勢，「外格」代表37歲~48歲，是壯年時期的運勢，「總格」代表49歲~60歲的運勢，是晚年的運勢。

二、如何判斷運勢吉凶

㈠、**最佳**

姓名該格被出生年的納音五行（流年納音五行）所生，則表示該格得到外來助力、貴人較多，或者表示該格所掌管的時期，事業、財富、感情、婚姻、家庭、健康都很美滿，能夠心想事成、無往不利。

㈡、**不錯**

姓名該格與出生年的納音五行（流年納音五行）相同，則表示該格得到外來助力、貴人較多，或者表示該格所掌管的時期，事業、財富、感情、婚姻、家庭、健康都很順利，人際關係良好、做事順利。

㈢、**普通**

出生年的納音五行（流年納音五行）被姓名該格所剋，則表示該格奔波勞碌，但仍會有收穫，或者表示該格所掌管的時期，事業、財富、感情、婚姻、家庭、健康運勢平平，偶爾有波折，但沒有妨礙。

㈣、**不利**

出生年的納音五行（流年納音五行）被姓名該格所生，則表示該格辛苦多勞，付出多但沒回報，或者表示該格所掌管的時期，事業、財富、感情、婚姻、家庭、健康都不理想，常有問題發生，需要費心解決。

㈤、**最差**

姓名該格被出生年的納音五行（流年納音五行）所剋，則表示該格受到外來環境影響、諸事不順，或者表示該格所掌管的時期，事業、財富、感情、婚姻、家庭、健康都非常糟糕，有嚴重的破耗或損傷。

三、天運姓名學案例

例一：姓名五格皆相同、男女絕對不同調

同樣叫蔡哲倫，不管三才五格用字全都一樣，如以坊間姓名學的說法，應該個性和運勢差不了多少，若出生年又一樣的話，那就更不用講，但就比較姓名學的角度分析，因爲屬男和女，結果就不一定相似。

A.

		1	
	蔡	17〉	18金
	哲	10〉	27金
木11	倫	10〉	20水
			37金

B.

		1	
	蔡	17〉	18金
	哲	10〉	27金
木11	倫	10〉	20水
			37金

天運姓名學解法

依照天運姓名學的理論來看，會因為出生年不同的關係，而有不同的納音五行，對於姓名的影響也就有差異，但實際上發生在同格局的時候，並不是全然如此，還會因為男女的不同，而有所差別。

若出生年納音為「木」，由於人格屬金的關係，就是代表人格剋天運，也就是金剋木的關係，則表示個人奔波勞碌，各方面運勢平平，偶爾有波折，但沒有妨礙。

若出生年納音為「火」，由於人格屬金的關係，就是代表天運剋人格，也就是火剋金的關係，則表示個人受到外來環境影響、諸事不順，各方面都非常糟糕，有嚴重的破耗或損傷。

若出生年納音為「水」，由於人格屬金的關係，就是代表人格生天運，也就是金生水的關係，則表示該格辛苦多勞，付出多但沒回報，各方面都不理想，常有問題發生，需要費心解決。

若出生年納音爲「土」，由於人格屬金的關係，就是代表天運生人格，也就是土生金的關係，則表示個人得到外來助力、各方面都很美滿，能夠心想事成、無往不利。

若出生年納音爲「金」，由於人格屬金的關係，就是代表天運同於人格，也就是金比和的關係，則表示該格得到外來助力、貴人較多，各方面都很順利，人際關係良好、做事順利。

由此觀之，天運若出生是在「土」、「金」，先天運勢就不錯，反之天運若是「水」、「火」，先天運勢就非常差，但是如此的吉凶論斷，僅僅是表面上的解釋，太過於含混模糊，因爲被剋不一定代表不好，被生也不一定就理想，天運雖然有其根據，但若是只看天運來決定，忘卻姓名三才五格架構的話，就沒辦法在陰陽生剋的對待關係當中，發現彼此明顯或更細微的差異，也就宛如瞎子摸象一般，抓到一點東西，就認定它的全貌，實在是太過武斷。事實上，兩者的三才五行生剋各方面條件都一樣，天運也只能做程度上的判別，而無法取代整個架構，如同六親的關係，不能單一就人際關係來看，對父母、兄弟、姊妹、配偶、子女、朋友，都是獨立的關係，而且都有其關聯性，更重要的是，由於男女的不同，就算姓名格局相同，天運相同，其個性跟各方面的表現，完全是南轅北轍。

陳哲毅比較式姓名學

兩造同樣是天格生人格、人格生地格、人格剋外格、地格剋外格、總格生地格、總格生人格。

A格局爲男性，所顯出來的特徵爲：腦筋清楚、善於計算，鬼點子多，但爲人尖酸刻薄，往往得理不饒人，嘴巴不甜也不會說好話，不善包裝，人際關係差不圓融，若爲主管，對屬下盯緊不放鬆，下屬易反彈，若爲部屬，上司可以放一百個心，自己非但認眞打拚，還會幫上司承擔責任，缺點是不懂得逢迎巴結，又不修邊幅，認爲自己懷才不遇，小人官非不斷，對父母或太太眞誠相待，不會花言巧語。

B格局爲女性，個性陽光爽朗，富有親和力，常常笑臉迎人，對父母體貼孝順，人際手腕佳公關一級棒，外表有如女強人，實則內心律己甚嚴，勞心又勞力，貴人運偏弱，事業靠自己打拚，會體貼老公，外表開明內心保守。

例二：同姓名只差一字、差別在老公對待

名字筆劃只差兩劃的兩姊妹，若出生年納音相同，但由於人格、地格、外格生剋關係的差異，導致能力、個性及老公的疼愛度，爲截然不同的待遇，並非只看天運的五行生剋就可以判斷出來的。

A.	1	
	16〉	17金
	5〉	21木
火13	12〉	17金
		33金

B.	1	
		17金
	16〉	21木
木11	5〉	15土
		31金

天運姓名學解法

兩人的人格都屬木，由這點來看，天運若出生是在「水」、「木」，先天運勢就顯得良好，貴人比較多、事業良好、感情順利、婚姻美滿，反之天運若是「火」、「金」，先天運勢就不太理想，守不住財、常有意外、感情不合、婚姻破裂。但如果這樣就認定兩人的人際關係是一樣的話，那就有可能會鬧笑話，因爲天運僅提供運勢強弱的參考，而不是直接告訴你，個人各方面的關係是如何，要看關係如何，還是要回到三才五格的架構，才有辦法來說明。

實際生活上，兩人的天運都屬金，前者（A小姐）各方面看似不錯，其實僅爲表面好看，自己的心思不定，做事情又沒有頭緒，經常忙得焦頭爛額，雖然想管老公，但卻抽不出時間，使得老公敢在暗地搞鬼，感情不是很順利，用天運的方法來輔助觀看的話，確實是有如此的現象，因爲本身人格被剋多，所以會比較忙碌，但不是絕對如此。後者（B小姐）的話，雖然一樣人格被天運所剋，但由於三才五格架構的關係，反而是頭腦清醒，做事情有條有理，懂得規畫時間，對配偶很有一套，把對方管得服服貼貼的，讓對方不敢私下亂來。

陳哲毅比較式姓名學解釋

A格局爲天格剋人格、地格剋人格、人格生外格、人格生總格，看似能文能武樣樣行，可是樣樣會樣樣不精，實則如無頭蒼蠅空忙一場，做事沒有規畫抓不到重點，大大小小的事情都要攬在自己身上，讓自己做牛做馬，十足的管家婆，老公樂得輕鬆自在，談吐間透露出沒自信，家務事樣樣不平順，子女受寵不聽父母的話，老公甚至敢搞外遇。

B格局爲天格剋人格、人格剋地格、外格生人格、人格生總格、地格生天格、天格剋總格、總格剋地格，是裡裡外外眞正的女強人，思慮清晰有條有理，應對進退有一套，老公對她的意見服服貼貼，老公在外賣命努力打拚，且不敢有二心亂，會潔身自愛，不過老公格局最好是中性，若太強也有爭執吵鬧情事發生。

例三：姓名彼此差一劃、姊妹婚姻差異大

一對姊妹出生年次不同，姊姊出生天運五行屬水，妹妹出生天運五行屬金，但姓名三才架構很相似，只是名字差一字，不過就是這一字來論斷彼此，貴人運和婚姻關係卻迥然不同，而不是只有單一天運五行的影響。

A.

	1	
	7〉	8金
	15〉	22木
金7	6〉	21木
		28金

B.

	1	
	7〉	8金
	15〉	22木
土6	5〉	20水
		27金

天運姓名學解法

依天運姓名學的理論來看，天運的五行若跟天格、人格、地格的五行有順生的話，則表示各方面很順利，有貴人相助、事業能發達成功、人際關係廣闊、能賺取財富。反之，若是天運的五行若跟天格、人格、地格的五行有相剋的話，則表示各方面很糟糕，容易犯小人、事業無法開展、人際關係惡劣、錢財沒辦法守住等等。就前者的姓名來看，其天運屬水，三才為金木木，因此兩者五行是順生的，而沒有任何相剋，因此其各方面運勢應該不錯，最起碼貴人運勢佳，能夠得到額外的幫助，人際關係良好。而後者的姓名，其天運為金，三才為金木水，姓名當中的人格被天運剋，因此有不良的影響，本身會比較辛苦，容易受外力的影響，而且容易被人家拖累。

但是現實生活中，前者的遭遇並沒有那麼順利，凡事都要自己辛苦打拚，而且由於個性耿直的緣故，人際關係上不是很圓融，外來的幫助看起來對自己有利，其實都是包藏禍心，到最後都變成麻煩阻礙，只好自己一個人來承擔。而後者的遭遇剛好相反，雖然自己比較辛勞，但凡事自有主張，懂得判斷是非好壞，不會受到他人的慫恿誘惑，因此被拖累的機會不多，加上能知道他人心思，懂得溝通的技巧，因此在人際關係上懂得圓融，本身的家庭或婚姻關係，反而會比較穩定。

難道天運沒有任何影響嗎？其實是有關係的，但是不是只有表面那麼簡單，因爲姓名學不是單一的理論，而是要觀察整體的架構來論斷，也就是三才五格的配置，才會比較客觀準確，天運姓名學可以當作參考的依據，但不能拿來作爲主要的理論，這樣才不會捨本逐末，使姓名學研究的方向錯誤。

陳哲毅比較式姓名學解釋

A格局爲地格生人格、天格剋人格、外格剋人格、外格剋地格、總格剋人格、總格剋地格，外在表現能力強，上進肯打拚，事業上白手起家，貴人運弱，易犯到小人，口直心快，判斷上容易偏差，心太軟容易被左右，婚姻經營辛苦，易被丈夫所拖累，經常心事重重無處訴苦，生活不快樂。

B格局為地格生人格、天格剋人格、人格剋外格、外格剋地格，由於人格剋外格，表示五行有洩，任何事情有自己的主張，不會優柔寡斷受人影響，或委曲求全，判斷力精準明確，對超過自己能力的事情，會勇敢推辭或斷然拒絕，婚姻幸福，能掌握老公的想法心思，子女也在其循循善誘教導下，日後在學業、事業各方面有很大成就。

陸

八字姓名學

一、姓名跟八字的影響

在傳統論命當中，八字是屬於公信力較高，也較爲人所知道的術數，每個人只要呱呱落地，出生時辰就會被拿去算八字，從此也就註定了命運。但是幾乎每個人先天的八字都不是很理想，總是會有些缺陷，而人們總是想要趨吉避凶，甚至改變原本的命運。該怎麼辦呢？這時候姓名就有重要的地位，可以拿來輔助你達成上述的目的，讓你透過後天的安排，改善先天不足的部分，達到開運的效果。一般來說，就是透過八字命盤的運算，讓你得知命中的五行元素的多寡，什麼是你的喜用神，什麼是你的忌仇神，然後來作爲調整的依據。舉例來說，八字如果喜用神爲木或火的話，那麼在取用姓名的時候，就會選擇筆劃是木（1、2）或火（3、4）的筆劃數。或者說八字裡面缺乏金或水，在取用姓名筆劃數時，就會考慮採用金（7、8）或水（9、0）的筆劃數。不過還有其他的輔助方法，像是相關字形或字義的選用，或是透過藥膳食物來補充。前者也是看八字的喜用或欠缺，來取用姓名的字，像是喜用神為木、火或缺乏木、火的八字，就盡量採用有關木或火的部首的字型，而後者是透過藥膳食物的五行屬性，來改善或補足八字裡面的缺陷，像是需要金、水或是缺乏金、水的八字，就必須多吃有關金、水屬性的藥膳食物，來達到補運的效果。不過就客觀而言，八字學不同與姓名學，由八字確實可以推斷出個人命運梗概，但卻無法有任何改變，而姓名最重要的是看個性，由個性來論斷個人的命運，但姓名是可以改變的，也就是說個性能夠改變，個性能夠改變的話，個人的命運也就會隨之改變。

二、如何取用筆劃數來改善先天八字的不足

先天八字喜用神爲「木」或缺乏「木」者

在姓名的「人格」或「總格」的筆劃數配置上，尾數必須取用1、2的數字。但若「人格」與「天格」衝突，呈現五行相剋的局面，就不宜勉強採用。這時應該尋求其他數字，來讓「人格」跟「天格」能夠有相生的關係，但「總格」方面還是可以選用1、2的數字，用來補足先天八字的欠缺。

先天八字喜用神爲「火」或缺乏「火」者

在姓名的「人格」或「總格」的筆劃數配置上，尾數必須取用3、4的數字。但若「人格」與「天格」衝突，呈現五行相剋的局面，就不宜勉強採用。這時應該尋求其他數字，來讓「人格」跟「天格」能夠有相生的關係，但「總格」方面還是可以選用3、4的數字，用來補足先天八字的欠缺。

先天八字喜用神爲「土」或缺乏「土」者

在姓名的「人格」或「總格」的筆劃數配置上，尾數必須取用5、6的數字。但若「人格」與「天格」衝突，呈現五行相剋的局面，就不宜勉強採用。這時應該尋求其他數字，來讓「人格」跟「天格」能夠有相生的關係，但「總格」方面還是可以選用5、6的數字，用來補足先天八字的欠缺。

先天八字喜用神爲「金」或缺乏「金」者

在姓名的「人格」或「總格」的筆劃數配置上，尾數必須取用7、8的數字。但若「人格」與「天格」衝突，呈現五行相剋的局面，就不宜勉強採用。這時應該尋求其他數字，來讓「人格」跟「天格」能夠有相生的關係，但「總格」方面還是可以選用7、8的數字，用來補足先天八字的欠缺。

先天八字喜用神爲「水」或缺乏「火」者

在姓名的「人格」或「總格」的筆劃數配置上，尾數必須取用9、0的數字。但若「人格」與「天格」衝突，呈現五行相剋的局面，就不宜勉強採用。這時應該尋求其他數字，來讓「人格」跟「天格」能夠有相生的關係，但「總格」方面還是可以選用9、0的數字，用來補足先天八字的欠缺。

八字十神論姓名

以人格為主軸跟各格的生剋來論特性

一、正官：剋我為正官、七殺、陰陽相剋為正官、同陰同陽為七殺

個位數：（1、3、5、7、9為陽，2、4、6、8、10為陰）

（地格剋人格、天格剋人格、外格剋人格、總格剋人格、天運剋人格）

　　　○天格
外格○○人格
　　　○地格
───────
　　　○總格

優點：外表長得相貌堂堂，遠遠望去英俊挺拔，給人的印象很好，說話時聲音婉轉動聽，做人品行端端正正，行事光明磊落，凡事喜歡熱心助人。個性正直保守，有禮貌重情義，處理問題很公正，不會偏袒徇私。工作上負責盡職，重視承諾，嚴以律己，寬以待人，不貪圖非分利益。待人處事，能有客觀理性，樂於服務人群，能得衆人的信任與尊敬，懂得如何知人善任，具管理能力，有事業上的才華，公共形象不錯，居於團體之間，自然產生一份尊嚴與貴氣。

缺點：當正官在命局上成爲忌神時，則較無法顯現正官優良的特質，正官的人做事依計畫原則來辦事，絲毫馬虎不得，照規矩一項一項去完成，但因過分小心謹愼，導致凡事心裡多牽掛，不敢放手大膽去執行，做事墨守成規不懂變通，缺乏積極進取精神與靈活變通的技巧，對陌生環境適應力差，反應總是遲緩，對於機會來臨時會猶豫不決、考慮在三，當開始想進行時，別人早已捷足先登，故常因自己的消極保守而坐失良機。做人處事畏首畏尾，不敢放手一搏，大顯身手。

二、七殺：剋我爲正官、七殺、陰陽相剋爲正官、同陰同陽爲七殺

個位數：（1、3、5、7、9爲陽，2、4、6、8、10爲陰）

（地格剋人格、天格剋人格、外格剋人格、總格剋人格、天運剋人格）

○天格
外格○○人格
○地格

○總格

優點：外表高大挺拔，說話聲音宏亮，面相上顴骨高聳，但山根卻低陷，表情較呆板嚴肅，平常不苟言笑，給人感覺威嚴，不敢造次。志向遠大喜歡上進，決斷問題非常果斷，頭腦思路清晰，充滿高昂鬥志，不善虛僞掩飾。出外時愛打抱不平，視惡如仇，具優秀的直覺判斷力，能突破惡劣環境，開創個人新天地，觀察事物細膩入微，能看到事物核心的本質，善於企畫，戰鬥意志高，懂得知人善任，具軍事天賦，且具文學或運動方面的才藝，有領導領袖的氣度，能得部屬及子女的敬畏，工作效率高，執行力高。

缺點：想法上較偏激，喜好爭鬥或霸道處事，不愛跟人團隊合作，不太信任他人，心裡多猜疑，凡事不放心交給外人做，靠孤軍奮鬥。個性倔強偏激，常令他人忍受不了，造成他人怨恨而樹敵，尤其是自己陷入困境時，平時不滿意想報復的部屬親友，就容易衆叛親離，使自己陷於孤苦無援的情況中。喜歡爭強好勝，喜怒哀樂不定，多年老友都有可能在一夜之間反目。革命性格十分強烈，常對現況心生不滿，而急欲突破現狀創新，因而帶來運勢的波動。七殺太過爲忌時，心性愛爭鬥，不願服輸，喜歡怨天尤人，對身心的傷害頗大，容易因意外成殘廢或產生疾病在身上，文命七殺太重則容易遇人不淑，或因男性受害。

三、正印：生我爲正印偏印、陰陽相生爲正印、同陰同陽爲偏印

個位數：（1、3、5、7、9爲陽，2、4、6、8、10爲陰）

（地格生人格、外格生人格、天格生人格、總格生人格、天運生人格）

○天格
外格○○人格
○地格

○總格

優點：五官端正，眼神給人祥和的感覺，外表氣質優雅，談吐正經八百，舉手投足散發成熟的風韻，腦筋聰明，心性寬容善良，對他人有包容心，不計較過錯得失。會勵潔身自愛，遠離小人，處事方正親切，重視人際關係、面子，重視學問內在涵養、品德修養，及精神調劑。長輩緣佳，但印星旺則與岳父母的關係淡薄，凡事有先見之明，具前瞻性，能信仰宗教，相信傳說，喜歡接近神佛。在社會上易得名聲、權力、地位，謀事盡心盡力，毫不保留，所謂「鞠躬盡瘁、死而後已」之人，常帶有正印，生平易得貴人，常能享現成之福氣。重視外在形象，維護世俗傳統。

缺點：正印很重視精神生活，而忽略了現實生活的重要性，常因表現清高而輕視物質經濟。金錢觀念差，不會計較利益，盈虧概念模糊，不會管理組織，讓組織發揮實質效益。商業概念淺薄，發掘商機比人晚一步，雖然有洞察機先的觀察力，但容易陶醉於自我滿足，不會去眞正執行，顯得不切實際。應變能力不佳，無法維護傳統而拒絕改革，成爲進步的阻礙。鉤心鬥角的場合中，察言觀色的本事差，做人處事不跟人同流合污。常因愛面子或希望維護形象而打腫臉充胖子，甚至會掩飾缺點過失，容易因僞造文書而犯法，甚至對他人虛偽欺詐，容易觸犯法網。反應遲鈍，表情木訥，談吐能力不佳。

四、偏印：生我爲正印偏印、陰陽相生爲正印、同陰同陽爲偏印

個位數：（1、3、5、7、9爲陽，2、4、6、8、10爲陰）

（地格生人格、外格生人格、天格生人格、總格生人格、天運生人格）

○天格
外格○○人格
○地格

○總格

優點：個性內向保守，頭腦清晰，遇到事情能冷靜處理，反應成熟老練。事業上精明能幹，企畫思考細膩，點子機智靈敏，對流行事物的感覺敏銳，觀察入微，領悟力豐富，常常無師自通，學得不少技巧。喜歡獨樹一格的行事作風，嘴巴守口如瓶，對消息很能守密，喜怒哀樂不會輕易流露出來，讓人感覺高深莫測，尤其是異性朋友的信賴。喜歡思考挑戰難題，對於企畫、創造、研究、發明、設計等方面，具有獨創過人的見解，思想高超怪異，愛研究怪招奇術，對偏門技術或學術之理解頗強，常有出人意料的見解或舉動。

缺點：對他人多猜忌，表情冷漠沒有笑容可言，與人相處交往，會刻意保持距離。思想怪異難測跟一般人格格不入，不善於人協調溝通，口才不佳不愛多費唇舌，不喜參加交際應酬，平時沉默寡言離群索居，有厭世的心態產生。常會封閉自己，與外界隔絕，以致與人群逐漸疏離，終而憤世嫉俗，難容於群衆。內心雖有鬥志卻耐力不足，做事三心二意，決斷遲疑，以致東不成西不就，多學少成。思想奇特，愛標新立異，凡事喜走捷徑速成，喜求旁門左道，常常白忙一場。偏印過重，性情孤獨怪異，自私自利的心態很重，心胸狹窄，缺乏包容心，常高估自己，輕視他人，以致難與人和睦相處。不善應酬交際，人際關係差，人脈狹窄。朋友不多，偏印太重則心機深沉，凡事不動聲色。

五、正財：我剋爲正財、偏財、陰陽相生爲正財、同陰同陽爲偏財

個位數：（1、3、5、7、9爲陽，2、4、6、8、10爲陰）

（人格剋天格、人格剋地格、人格剋外格、人格剋總格、人格剋天運）

〇天格
外格〇〇人格
〇地格

〇總格

優點：日常生活勤儉耐勞，做事情任勞任怨，對朋友重視信用，為人正直不阿，常常視惡如仇，出手幫助弱小。行事規矩安分守己，不愛惹麻煩，團體中不標新立異，腳踏實地去努力行事。知足常樂，量力而為，不貪圖不正當的利益，不會走旁門左道，不擅長經營管理。辛勤努力，愛惜物質金錢，慢慢累積財富，家庭觀念濃厚，對妻兒盡責，做人不喜歡強出風頭，不愛與他人鉤心鬥角，厭惡一切不正當的事情，極為擇善固執。目睹為信，不信邪魔歪道，不信傳說，重視物質享受，經濟觀念與數字概念敏銳，對盈虧十分敏感與計較，善於節儉。一生財源不錯，對朋友講究信用，做生意童叟無欺，買賣重視眼前利益。

缺點：正財太旺而成忌神時，則內心貪婪、好逸惡勞，只想貪享現成撿便宜，苟且偷安之心態，做事情守舊不創新，單調刻板，太過謹愼過度，缺乏勇氣與魄力去突破環境現況，故容易墨守成規，事業上平淡無奇，沒有轟轟烈烈的意圖表現。謀事缺乏耐心，頭冷尾熱，吃不了苦半途而廢，稍遇挫折就會怨嘆而心灰意冷，會一直想理由去逃避困難，缺乏使命感、責任心與榮譽感。目光短淺，只顧眼前利益，缺乏前瞻能力，小事情會斤斤計較，缺乏宏觀胸懷，容易因小失大。生活單調刻板，不善充實知識，爲人不顧道德情義，容易見利忘義。見錢眼開，非常勢力眼，但吝嗇成性，一毛不拔，即使對自己的親友手足，都算得清清楚楚，讓人覺得寡情薄義，太過重視物質享受，缺乏精神生活，生平不喜接近宗教，少有信仰，屬家富心窮的人。

六、食神：我生爲傷官、食神、陰陽相生爲傷官、同陰同陽爲食神

個位數：（1、3、5、7、9爲陽，2、4、6、8、10爲陰）

（人格生天格、人格生地格、人格生外格、人格生總格、人格生天運）

優點：食神的人散發清高氣質，行爲舉止溫文儒雅，性格開朗樂觀，對人、事、物通情達理，寬容厚道，和平善良，與人相處和氣親切，不喜與人爭奪。做事有計畫不慌不忙，內容言之有物，自我表達能力強，感情世界豐富，思想清新脫俗，喜歡美好的事物，重視情調氣氛，喜歡優遊自在過無拘無束的生活，不喜歡壓力相逼，有逃避責任或壓力的現象。五官中味覺特別敏銳，精於飲食之道，常有口福可享。與人相處，有禮貌，含蓄保守，會尊重對方的意見。對文字、抒情、藝術、歌舞等具有偏好與關心，且具有敏銳的感受力與表現力。表達生動而不誇張，喜歡出風頭，但往往會適可而止，不喜太露鋒芒而招來他人嫉妒。會付出熱誠去服務他人但不強求回報，活潑乖巧但不任性叛逆，想法思慮跟執行計畫會專心一致，能心無旁騖地研究一技之長而至精純，往往成爲專家。對事物喜抱樂觀看法，屬心寬體胖之人，對人有容忍之心，能原諒別人的錯誤，不過分計較得失，凡事順其自然，天生樂天派之人，重視和氣生財，這輩子衣食豐厚多享福。

缺點：食神是享福之星，食神若過多而變成忌神，則會貪圖物質享受，好逸惡勞，沉迷虛榮遊樂的生活，而忽略現實的競爭世界，喪失奮發進取的意念。食神雖屬清高之星，不易同流合污，但食神過多則易自以爲是，以爲天下皆濁我獨清。理想雖然高遠，卻跟現實生活脫節，由於生性樂觀，故對未來情勢過於樂觀，而忽略紮實的準備功夫，以致事業功敗垂成。思考企畫雖具耐心，但常體力不支，或精神萎靡，提不起工作幹勁。或精神體力容易疲勞，以致做事半途而廢，抗壓性低，會逃避問題，責任心、使命感薄弱，難以承擔重責大任。思考力旺盛，腦筋活動頻繁，易引起頭痛或腦神筋衰弱，常因幻想過度而引起神經衰弱，難耐孤單寂寞，依賴心重，不能獨當一面，遇重大事情則易手忙腳亂、慌亂無張。臨事判斷猶豫不決，理想抱負一大堆，卻礙於執行力不足而無法實現，致有懷才不遇，有志難伸的境遇。信心不足，很難獨力完成大事。

七、傷官：我生爲傷官、食神、陰陽相生爲傷官、同陰同陽爲食神

個位數：（1、3、5、7、9爲陽，2、4、6、8、10爲陰）

（人格生天格、人格生地格、人格生外格、人格生總格、人格生天運）

○天格
外格○○人格
○地格

○總格

優點：傷官不是一般尋常的星，其人爲善爲惡，常常是非常極端，傷官若是善，則其人見聞廣博多學才藝，聰明伶俐感覺敏銳，做事深謀遠慮看得深遠。口才表達流暢，言詞活潑善辯。領悟力很高，點子創意相當豐富，充滿活力，鬥志高昂，有很高的理想，擁有滿腔抱負，處事獨裁個性倔強，會追求完美，人群中愛出風頭，自信心強，凡事爲我獨尊，睥睨他人意見。學習與表現慾高，好勝心強烈，很重視別人對自己的肯定與掌聲，有不斷超越別人的上進慾望。傷官的人大都郎才女貌，相貌出衆，皮膚白皙細緻，眼睛大且靈活，臉上表情豐富，喜於僞裝情緒，非常適合文字，藝術、演藝、歌唱、舞蹈等方面發展。反應靈敏，唱作俱佳，若往新聞報導、廣播，或節目主持人等利用口才或朝藝術方面發展，最有發展潛力與空間。傷官眼睛大且傳神，喜歡上鏡頭，也很適合上鏡頭，對表演、文藝、藝術等領域的感受力很強，也頗具天賦。傷官作風大膽、勇於表現，創意新鮮，常有出人意表之表現與成就，說話具說服力與煽動力，善於運用別人的力量來壯大自己。味覺敏感，善於下廚烹飪，多口福。討厭單調刻板的人、事、物，有喜新厭舊的個性，喜歡有挑戰的生活。

缺點：傷官的性質特殊，若身若傷官旺為忌神時，則須注意其負面的缺點。傷官因是破壞正官的星，故其特性與正官相反。傷官雖然資質優異、領悟力高，學習才藝迅速，知識博學多聞，卻常因此養成恃才傲物，目空一切，會驕傲自大，輕視他人的努力成就，以為天下只有自己最聰明，別人都是笨蛋一個。傷官野心勃勃，好勝心強烈，凡事想爭奪第一，行事奢華好大喜功，往往不量力而為，從事超越自己能力很多的事情，常因而招致失敗，傷官討厭傳統禮俗束縛，無視法律規章之存在。為了私慾任意妄為，為達目的不擇手段，以致於違法犯紀。傷官談吐流利，反應迅速，言詞譏諷，容易出口傷人，而使人懷恨在心，埋下日後報復的原因。傷官為忌，又見財多，則凡事貪得無厭，為了賺錢取財，無所不用其極，甚至是不正當的手段。傷官好管閒事，常常意氣用事，主觀意識強烈，處事易情緒化而衝動，生平多口舌是非，爭端惹禍，多招誤會，不論男女，都宜努力克制私慾，勤於修身養性，出外謹言慎行，以免招禍惹災。

八、偏財：我剋為正財、偏財、陰陽相生為正財、同陰同陽為偏財

個位數：（1、3、5、7、9為陽，2、4、6、8、10為陰）

（人格剋天格、人格剋地格、人格剋外格、人格剋總格、人格剋天運）

○天格
外格○○人格
○地格

○總格

優點：偏財的人慷慨大方，好佈施錢財，凡事精明幹練，處事圓滑機智，精力充沛，說話坦白誠實，自身淡薄名利，對人一諾千金，說到做到，不計較得失，拿得起放得下，十分樂觀開朗。平時豪爽仗義，樂於幫助他人，親友有困難，會馬上慷慨解囊，去濟助他們，做事乾脆俐落，不喜歡拖拖拉拉的行事，頭腦思考靈活，經濟觀念跟一般人有所歧見，具商業眼光，善於觀察社會形勢，發掘新商機，對問題決斷力強，喜速戰速決，善於把握眼前的良機，往往能捷足先登，賺取大筆錢財。舉止軒昂，給人的印象是言行有威，常交際應酬，又廣結善緣，故交際手腕佳，人脈充沛，消息靈通，不畏懼失敗與艱難，商場上的韌性堅強，能失敗而再升起，人生際遇起伏大，財富起起落落。個性外向，主動出外尋求商機，不喜待在家中等待，生涯中多機緣巧遇，常有意外收穫，異性緣不錯，生平在金錢財富及女緣方面，常有戲劇性的變化。財源很多，營鑽能力高明，但不太愛惜錢財，也愛花錢。天性樂觀，不拘小節，凡事能從大處著眼，不喜在小事上論斤究兩，討價還價，具有前瞻眼光，敢於賭注人生，很懂得做人的道理與技巧。財務調度能力極強。

缺點：偏財若太旺而成爲忌神，或身弱而使偏財成爲忌神，則容易表現偏財的負面特質。偏財因慷慨大方，所以不知道什麼叫節儉，會浪費成性，揮金如土，如果行運不佳，不能克制自己的慾望，造成揮霍浪費，破敗家業財產，偏財的異性緣佳，但偏財爲忌時則往往沉迷酒色財氣，不顧家庭兒女，造成家庭婚姻的波折或危機。偏財與異性交往，會喜新厭惡，愛情不專一，態度輕佻浮躁，到處留情留種，造成感情上的糾紛不斷。偏財喜歡輕言允諾，但通常是空頭支票，諾言很少兌現，成爲寡信的人。偏財愛派頭排場，愛面子，即使身無分文、口袋空空，亦要裝派頭，錶帶勞力士，車開賓士車，隨身都有美女或保鑣相隨。偏財的財務調度能力強，但爲忌神時，則容易詐騙他人，跳票時絕不會只有一張兩張，往往是一連串有計畫的跳票。穿著打扮講究，出門須排場，開著高級車到處掉頭寸者，都屬於這種人。偏財的人敢賭敢博，輸贏也很大，好運時固可一夜致富，凶運時也易一夜之間傾家盪產，偏財是消費之神，固偏財多透，則有愛花錢，喜消費之現象。

九、比肩：同我為劫財、比肩、陰陽相生為劫財、同陰同陽為比肩

個位數：（1、3、5、7、9為陽，2、4、6、8、10為陰）

（人格比和天格、人格比和地格、人格比和外格、人格比和總格、人格比和天運）

○天格
外格○○人格
○地格
○總格

優點：比肩適度而為喜用時，則其人正直不屈，對朋友信守承諾，行事作風表裡如一，不會耍小手段，不會陽奉陰違，不會投機取巧，凡事往樂觀一面著想，不畏懼困難，獨立自主解決困難，是一個言而有信，值得信賴的人。執行力強意志堅定，有始有終，凡經決定之事，必堅持到底，不喜中途更改或變卦，自尊心強烈，不容他人輕視瞧不起，渴望與他人並駕齊驅，平起平坐。有自知之明，凡事量力而爲，不貪非分之想，不做超出自己能力太多的事，對自己抱有信心，能堅守崗位，努力工作，以達目標。說話直來直往，討厭拐彎抹角，遇不愉快的事情，都能直接發洩反應，不耍心機，心口如一，值得信賴去交負重責。可執行重大任務，有使命感與責任心。不輕易開口承諾，一開口就要做到，做事有主見。

缺點：八字若身強而比肩過旺成爲忌神時，就無法表現比肩正面的特質，比肩若太旺則其人的性情強硬不能靈活變通，凡事固執堅持己見，不易與人協調溝通，自我意識強烈，剛愎自用，頑固不通，目中無人。無法接納他人的見解，也許對方比較高明，常因太堅持自己的想法而與人格格不入，甚至於因而與人發生口角爭執，凡事先爲自己設想，不理會別人的立場，沒有容人的雅量，不容易與別人熟識和睦相處，固縱使有很多朋友，也沒幾個知心朋友，人際關係差，在群衆中不易受歡迎，比肩心性耿直，過旺則耿直過度，不善營謀，說話不懂得婉轉修飾，不善因應環境變化來修正自己的想法或行動。頭腦僵硬，不懂得轉個念頭想，不會建立關係來促進自己的成長進步，有「頭腦簡單」的現象。金錢概念薄弱，缺乏商業頭腦，不懂得腦筋賺錢，對開支也不太能管制，不善於發掘商機或賺錢機會，可謂耿直有餘，權變不足。自我意識太強，造成有己無人，難以說服群衆，面對比自己優秀的人，也吝於讚美別人，或口服而心不服。缺乏同情心，缺乏關懷他人的熱誠，即使是自己的手足或至友，或家人，都刻薄無情，以致於不受到支持歡迎，常受到排擠批評，自己發生困難時，得不到別人的同情與支援。愛反抗長輩上司，不願意服從領導，故不得上司器重或提拔。升遷不易，賺錢困難，生平辛勞，財運不佳。

十、劫財：同我爲劫財、比肩、陰陽相生爲劫財、同陰同陽爲比肩

個位數：（1、3、5、7、9爲陽，2、4、6、8、10爲陰）

（人格比和天格、人格比和地格、人格比和外格、人格比和總格、人格比和天運）

〇天格
外格〇〇人格
〇地格
〇總格

優點：劫財具有非常重大突出的性格，十分與衆不同，劫財喜歡接近群衆，更善於在社交場合，群衆面前，表現其社交能力、口才及台風，劫財面對群衆嗜好、情緒，善於投其所好，控制氣氛與局勢，故甚能獲得好感。本身心思細密，善於見風轉舵，善於因應群衆或時尙的需要，調整自己的談吐或行爲，但這些均非出自其內心，劫財因與日主不同陰陽，因此具有雙重性格，表面上非常恭謙順從，內心裡卻完全不同，表面上所看到的劫財各種行爲，談吐、舉止、均非眞實的劫財，劫財做事積極、具行動力，勇往直前，冒險犯難，不顧生死，劫財之操作慾強烈，凡事都想一試，劫財有薄己利他之心，對朋友慷慨，對自己的妻兒則較吝嗇。劫財之人內心與外表不一致，表裡不一，經常矛盾，自我衝突，性情不穩定，容易情緒化，但善於掩飾自己，讓外人無法知道其眞實世界。劫財若不太重，則比肩較能適應環境，較具謀略能力，能依客觀需要做必要調整，固較能得社會的認同。

缺點：劫財若太重而成爲忌神時，則個性剛硬，堅持己見，衝動魯莽，一意孤行，難納忠言，常會把事情搞得亂七八糟。劫財常心存僥倖，投機心態強烈，喜歡不勞而獲，野心很大，求功心切，處事未經深思熟慮及貿然行動，常因錯估形勢或準備不足而一敗塗地。劫財是正財的剋星，做金錢概念模糊，不曉得積蓄，用錢沒有計畫性，常導致經濟拮据。劫財喜歡投機，容易往投機事業發展，但生平多逢破耗，常發生金錢紛爭。劫財因具雙重性格，內心經常自相矛盾、自我衝突，故情緒不安定，陰晴不定，忽冷忽熱，讓人難以捉摸，難以適應，雖能讓初識者有良好印象，但終因不易相處而日漸失去朋友。劫財雖有利他之心，在別人困難時，樂於幫忙，但當朋友勝過自己時，又很不是滋味，反而會嫉妒他人之成就。劫財對外慷慨，對內吝嗇，易因朋友之事與妻子爭吵，對外面女性慷慨多情，對妻子冷漠。劫財性急，凡事想速成，缺乏耐心，常爲目的之達成而無視於法律規章的存在，個性暴戾，喜歡用武力解決事情。做事莽撞，常被視爲有勇無謀之人。

三、八字姓名學案例

例一：同時相邀來出世、遭遇卻由姓名註

在傳統八字論命裡面，相同時辰出生的人，兩個人的八字不但相同，連命運也應該是一樣的，但是結果往往卻不是如此，有的人能功成名就，有的人卻窮困潦倒。難道是是八字出了問題嗎？其實其中的關鍵，是在於兩個人的姓名，因爲姓名格局的不同，使得個性有了差異，也就影響對事務的看法，命運當然也就大不相同。

A.	1	
	13〉	14火
	18〉	31木
土15	10〉	32木
		45土

B.	1	
	13〉	14火
	7〉	21木
火13	12〉	19水
		32土

傳統八字姓名學理論解法

這兩個人的出生時辰是相同的，因此就八字來說命運應該是相同的，假設兩人的八字都喜歡木、火，而忌金、水的話。

以前者姓名格局來說，天格、人格、地格五行都屬木、火，因此可以斷定是不錯的，而且又是五行順生，人格生天格、人格生地格，所以人際關係良好，很熱心公益、對長輩跟晚輩很照顧，身體應該很健康很理想。後者的格局來看，天格、人格五行是木、火，是相當理想的，但地格五行卻是水，這樣是不理想的，地格代表配偶、子女，因此代表自己跟配偶或子女的溝通不良，又地格的水剋天格的火，所以配偶跟長輩的關係不好，經常會有爭執吵鬧，自己沒辦法得到長輩跟配偶的幫助，身體健康也很差。

但現實生活中，前者是個不懂交際手腕的人，平常表現得很嚴肅，不喜歡與人接觸交談，跟父母親以及配偶的溝通不良，態度不像是五行順生形容的那麼和顏悅色，反倒像是五行相剋那樣，爲人處事不苟言笑。後者卻是個善於交際應酬，懂得運用人際關係，配偶對自己非常照顧，彼此溝通非常順暢，能受到對方實質的幫助，不像八字裡面所說，因爲地格爲水，而有不好的影響。

爲什麼會如此呢？難道八字學是不正確的嗎？同時間出生的人，命運卻大不相同，而且連姓名也不受八字影響，不是太奇怪了嗎？其實兩人的個性、想法不同，甚至是際遇不同，並不是八字裡面五行欠缺的影響，而是姓名三才五格的五行生剋所導致，一般八字取姓名，只有補足所缺少的五行，卻忽略五行生剋的重要性，把八字的理論直接當作姓名學理論在使用，這實在是犯了指鹿爲馬的錯誤。八字學理論歸八字學領域，姓名學歸姓名學領域，八字確實有一定的準確度，能夠左右人生的運勢，但是先天既定的條件下，能增加改變的反而只有姓名學。八字的五行欠缺，只能反映個人運途的高低好壞，跟姓名學的五行一點關係也沒有，姓名學的五行生剋是個人性格的表現，重點在於陰陽生剋，不同的格局，個性、心態也不同，自然對人生的掌握度也就不同，在相同八字基礎之外，還有個別姓名的影響。

陳哲毅比較式姓名學解釋

A格局為人格生天格、人格生地格、人格剋總格、人格剋外格，受父母照顧寵愛，父母願意幫助他，但他因為不願開口要求，父母也不知道怎麼幫他，長相酷且嚴肅，適合幕僚人員、輔助老闆，自己腸胃功能不好，若逢天運來生或來剋，手腳部分一定受傷。

B格局為人格剋天格、地格生人格、人格剋外格、人格生總格，喜歡交際愛打屁，談吐應對進退很得體，另一半是賢內助，照顧得無微不至，只是小時候容易因小意外而使頸部受傷，若逢天運剋天格，更為應驗。

例二：三才五格都被包、包藏意外引災難

八字裡面若五行有欠缺，因此姓名就大量採用欠缺的五行的話，可是會造成很大的問題，姓名學理論不同於八字學理論，不是說欠缺什麼就補什麼？以下看似毫不相干地兩個姓名，一個八字欠水、一個欠土，所以姓名都採用所欠缺的五行，但若用陳哲毅比較式姓名學仔細推算，就會發現兩人姓名的三才五格，原來都有人格被包的特性。

A.

	1	
	19〉	20火
	11〉	30水
火10	9〉	20水
		39水

B.

	1	
	15〉	16土
	1〉	16土
土16	15〉	16土
		31木

傳統八字姓名學理論解法

前者八字五行欠缺水，姓名格局就全部採用水，後者八字五行欠缺土，姓名格局就全部採用土，兩人姓名三才五格的五行全部順生，所以各方面都非常理想，個人運勢相當不錯。但是實際生活上，兩人都感到不順利，人生的旅途很多阻礙，各方面都差強人意，甚至產生自暴自棄的想法。原因出在哪裡呢？道理其實很簡單，就是八字學不同於姓名學，兩人的八字欠缺，不能用姓名的五行來填補，因爲姓名學不是八字學，是重視三才五格的陰陽生剋，而不是缺什麼就補什麼，況且一個人姓名是可以變動更換的，不像八字是一出生就被註定的，運用的範圍與彈性遠比八字學來得優越。

前者的姓名格局都是水，依八字學來看水爲財、應該遇水則發，可是依姓名學理論來看，人格被天格、地格、外格所生，又五行爲水，表示自己很聰明、膽量很大，人際關係活絡，很相信朋友，但實際上生多不一定好，自己容易心軟而判斷錯誤，造成錢財的損失，而且由於五行水太重，身體容易犯陰煞，常常夜夢睡不著，健康方面會很差。後者的姓名格局都是土，依八字學來看土爲敦厚，爲人老實、性情溫和，可是依姓名學理論來看，人格被天格、地格、外格所生，又五行爲土，表示自己雖然保守行事，爲人很講信用重承諾，但有時候太過於固執，凡事不知取巧變通，往往會因此吃虧，而有心情鬱卒的現象，精神狀態會很緊繃。

陳哲毅比較式姓名學解釋

A格局爲地格生人格、天格生人格、外格生人格、總格生人格，人格全被生，且三才五格滿盤皆水，水代表智慧、才華、思考、點子多、人際關係活絡，爲人感性，信任朋友，金錢大開大闊，小人多，初識者會被誤以為是女強人，水又屬陰，小心水患或陰夢纏身，人格被包，意外災害不斷，天運如逢金水，剋應更爲明顯。

B格局爲天格、人格、地格、外格全比和，滿盤皆土，幸好總格木來剋，聰明才智不如A格局，且個性憂鬱，操心太多，凡事未雨綢繆，土代表信，執著頑固，不夠阿莎力，考慮多，有時會想不開，天運逢火，土更爲嚴重。

例三：總地外格生剋異、姊妹人前表現異

一對雙胞胎姊妹，由於所取的名字筆劃數差一劃，雖然天格、人格、地格五行都一樣，都是天格剋人格、人格剋地格，外格生人格、但由於總格和地格、外格的差異，個性和配偶互動關係卻差很多，而不是因爲八字的影響。

A.

	1	
	6〉	7金
	15〉	21木
木12	11〉	26土
		32水

B.

	1	
	15〉	16土
	1〉	16土
土16	15〉	16土
		31木

傳統八字姓名學解法

若是相同的八字，加上是雙胞胎姊妹，因此就八字的喜忌來看，是一模一樣的。但是若只考慮五行的配置，而忽略陰陽生剋的重要，就好像蓋房子卻沒有鋼樑來支撐一樣，房子是不會堅固牢靠的。若依姓名的五行來看，看起來兩人的三才五格都一樣，就八字姓名學理論來看，兩人八字相同，姓名格局五行分佈也相同，所以各方面的表現跟運勢應該是相同的，可是現實生活上卻沒有如此。但反觀來看，若是用姓名學理論仔細推敲的話，會發現其實兩人的姓名大有文章，還是有很大的差別，就差在三才五格的陰陽生剋上頭。前者是人格生外格，後者則是外格生人格。

人格生外格的情況，凡事付出多，很願意做事情，本身不怕辛勞，但由於太過嘮叨，使得老公聽了很厭煩，所以不太想理睬妳，久了之後，夫妻的溝通就出現問題，因爲姓名學當中地格、外格的配偶的緣故，使得前者個性很強又想管事情，老公又有自我主張，因此產生衝突的機會很大。外格生人格的情況，則是懂得交際手腕，自己做事情有條有理，知道要如何說服別人，因此夫妻的對待上，溝通會比較圓融，會讓老公聽得進去，對意見的接受度也較高，所以產生衝突的機會就少多了。兩人的差別從八字是看不出來的，也非是姓名格局的五行影響，而是三才五格的關係，在姓名當中人格跟外格的差異。

陳哲毅比較式姓名學解釋

A格局爲總格剋地格、人格生外格，此種格局的女子能文能武，工作奮發勤快，抗壓性強，不怕失敗挫折，表面上雖然可以影響老公，但老公卻不一定跟她的腳步走，老公會另有主張，有時甚至自己演出走樣，變成37加1，三三八八，說話沒重點又雜念（嘮叨），老公被疲勞轟炸得受不了。

B格局則是總格剋地格、外格生人格，人際關係手腕圓融得多，且懂得說話包裝推銷、也善掩飾自己，喜歡動口不動手，做決策有魄力，是標準的生意經營人才，不屑於三姑六婆或婆婆媽媽。

柒

筆劃姓名學

一、筆劃姓名學源起

目前坊間最流行的筆劃姓名學，其實是由白惠文先生在民國二十二年時，從日本傳回來台灣的，他把日本熊崎氏姓名學加以翻譯整理，就變成八十一劃數姓名學，用於推斷人的個性、運勢與特質。經過多年的驗證，在論斷個性方面，是有些符合之處，可作為參考的依據，但是在論斷人的運勢方面，尤其是有關於夫妻、事業、財富、家庭，或者早年運、中年運、晚年運時，出現了很大的差異，由現實生活的例子來看，有些人名字的筆劃是大凶、大敗的數字，特別是熊崎氏注重的「總格」為凶，或是筆劃數為「四」的，但都沒有像熊崎氏八十一劃數裡面所講那樣，反而是事業有成、榮華富貴的人比比皆是。因此可以知道熊崎氏八十一劃數姓名學，並非是最好的姓名學理論，尚有不足的地方，沒辦法作為長久深入的研究，但由於其理論影響久遠，人們常拿來當作是取名字的依據，若取個吉祥數字真能安心，那也是無可厚非，不過實際上，名字對人的一生影響力很深遠，仍必須以正確的姓名學理論為主才好。

二、筆劃姓名學的爭議

筆劃姓名學的爭議，當然就是名跟字的筆劃到底如何算？必須要有個統一的標準，才不會無所依據，因爲不同的筆劃數，解釋起來必定天差地遠，沒辦法論斷吉凶，市面上販售的版本很多，說法也都不盡相同，加上簡體字的筆劃算法，可說是越來越複雜，雖然說八十一劃數姓名學的理論有缺失，但求姓名的正確筆劃數，是所有姓名學理論的基礎，不然就不用談姓名學了，也不會有正確的論斷解釋。所幸如此的爭議問題不大，一般的標準字典大多數字筆劃數都能確定一致，但還是有少數幾個字沒法確定，那該怎麼辨呢？就是拿來實際論斷驗證，累積統計的資料，看看到底是如何，答案就會很明顯，絕對不會有絲毫差錯！

三、三才五格的筆劃的算法與代表

天格：單性的話，姓的筆劃加一。
複姓的話，姓的第一個字跟第二個字的筆劃相加。
代表長輩緣、貴人運、跟父母的關係。

人格：單姓的話，姓的筆劃跟名字第一個字的筆劃相加。
複姓的話，姓第二個字跟名字第一個字的筆劃相加。
代表個人的才華想法、人格特質的表現，跟其他人的關係。

地格：若是三個字的姓名，就是名字第一個字跟第二個字的筆劃相加。
若是二個字的姓名，就是名字第一個字加一。
代表家庭運、戀愛或婚姻運、跟子女的相處。

外格：若是三個字的姓名，就是名字第二個字的筆劃加一。
若是二個字的姓名，外格一律爲「二」。

代表本身的朋友運、自己外在的表現、外在環境的好壞。

總格：所有姓名的筆劃數相加起來的總和。

代表個人一生的成敗，也是事業跟財富的結果。

四、筆劃姓名學案例

例一：兄弟取名格局同、差一劃判若兩人

同樣是兩個兄弟，但是卻取了筆劃數差一劃的名字，因此兩人姓名學五格的五行有所不同，由比較姓名學理論來判斷，從這一劃就造成兩人的性格迥異，但並不是因為地格或總格筆劃的差異，而是因為三才五格的陰陽生剋而有所差別。

兄	1	
	8〉	9水
	9〉	17金
金8	7〉	16土
		24火

弟	1	
	8〉	9水
	9〉	17金
金7	6〉	15土
		23木

傳統八十一劃筆劃數解法

若由筆劃數理論來觀之，兩人的地格跟總格的筆劃不同，所以個性跟運勢大不相同，不過這卻是很含糊的講法，因爲就筆劃數理論來看，地格屬於家庭運、子女運、戀愛運、異性緣，兩個人雖然差了一劃，但解釋上都還算不錯。

在地格部分，像哥哥16劃是說異性緣佳、戀愛能順利、婚姻家庭美滿，人際上能圓融處事、責任心重。而弟弟的15劃也是善於照顧異性、能獲得芳心而共結連理、人際關係上能領導衆人獲得事業上的成功。但實際情況上，兩人的人際關係不如書上所解釋，而有相當大的不同，甚至是違背的。

在總格部分，哥哥的24劃解釋是，事業上能奮發向上，勤奮苦幹，會有貴人幫忙提拔，用錢能謹愼小心，不會輕易浪費財富……。弟弟23劃是，人際關係佳，懂得群衆心理，所以事業上能領導衆人，是很好的管理者……。這裡的解釋就剛好完全相反，哥哥由於交友廣闊，用錢大方爽快，甚至受人的拖累，對錢財的運用分配很差，弟弟更是不喜歡交友，講話也很直接不婉轉，沒有什麼人際關係可言，更不用說領導眾人了。如果單用筆劃差異來解釋，是可以說得通兩人的不同，但卻無法明確指出外在舉止的差別、甚至是內心細膩的想法的差異。

陳哲毅比較式姓名學解法

兩人的格局都是地格生人格、人格生天格、總格生地格、外格生天格、總格剋人格、總格剋外格。

哥哥的格局五格筆劃有陰陽，性情比較積極開朗，活潑外向好動，有什麼話都會直說，不會藏在心裡面，天生聰明伶俐，平時交遊廣闊，人緣與異性緣都不錯，只是容易發生桃花事件，但因人格生外格、地格剋天格、總格剋外格，要小心過度自信眼光，而誤交損友遭到拖累。

弟弟的格局五格同為陽，個性陽剛孤僻，天生不太愛多說話，常擺嚴肅的臉色，城府較深工於心計，不喜歡與人溝通問候，或噓寒問暖，讓人感受到一種高不可攀、難以接近的冷漠感，造成人際關係上有距離感，但好處是遇到小人的機會少，因本身企圖心旺盛，人生起起伏伏運勢多變化。

例二：縱使筆劃數相同、先看五格同或異

你總是認爲姓名學是以筆劃吉凶做準則嗎？那麼請執著總格筆劃數相同的你看過來，兩個同爲41劃的姓名有何差異？爲什麼兩個人的際遇差別十萬八千里。

A.

	1	
	17〉	18金
	13〉	30水
木12	11〉	24火
		41木

B.

	1	
	17〉	18金
	14〉	31木
木11	10〉	24火
		41木

傳統八十一劃筆劃數解法

以筆劃數來觀看，兩個人的總格筆劃相同，照理說應該個性、運勢、晚年運都相同

才是，尤其是事業、錢財方面都應該一致，不然就不能說筆劃數的理論準確。以總格四十一劃來論，是男生最好的筆劃數，表示本身智、仁、勇兼備，肚量寬大，熱心公益，周遭朋友很多，很年輕就能功成名就，一生會有很多貴人相助。但實際生活上，卻不是如此順利，A格局確實聰明伶俐，但小時了了、大未必佳，人際關係雖廣但複雜，錢財的情況就無法掌握，有衝動的傾向；B格局則是工作細心謹慎，但人際關係不良，不愛交際應酬，經常得罪他人，而遭人背地裡扯後腿來陷害。若要硬說是人格筆劃數差異的關係，或許能稍微說明兩人不同的際遇，但由於總格相同，在最後結果論斷時也該相同，但卻沒有如此，可見不是單單受到筆劃數的影響，而使兩人的個性、運勢有差別。

陳哲毅比較式姓名學解釋

A格局為人格生外格、地格剋天格、人格剋地格，外向積極，有小聰明，天生得父母疼愛，鬼點子很多，勇於付出，不過感情問題非常複雜，桃花事件與異性緣不斷，對錢財不太會計較，分得很清楚，卻容易造成花錢如水，不珍惜的狀況。

B格局爲人格生地格、天格剋人格、地格剋天格、外格生人格，與人互動手腕差，不太能與人溝通相處，使人不太願意接近，工作上謹慎細心，卻因人際關係上不夠圓融，容易得罪許多人，身旁小人一堆，婚姻上與公婆關係不和諧。

例三：一字不同總格異、性格就是各個奇

由姓名可以看出本身能力強弱的問題，主要是五格的生剋關係，而不是總格的筆劃數的關係，以下舉兩例來探討。

A.

	1	
	5〉	6土
	9〉	14火
土15	14〉	23火
		28金

B.

	1	
	5〉	6土
	9〉	14火
土16	15〉	24火
		29水

傳統八十一筆劃數解法

就筆劃數來看，兩人的人格筆劃相同，照理說應該在個性方面都一樣，沒有什麼差異，就如同筆劃數上說的，姓名筆劃逢「四」必凶，自己的先天運勢不佳，情緒方面容易憂鬱，對人會隨便發脾氣，心中常常有不平，卻又無處發洩，對物質的慾望大，要滿足很困難，若配合總格來論斷，總格爲吉結果爲吉、總格爲凶結果爲凶。這兩人的人格都是14劃，因此就得比較總格的好壞來論斷。前者28劃，出外凡事多勞碌，欠缺貴人來幫助，很容易遭受到意外災害，對人生感到失望，人際關係方面，與六親緣薄，是爲凶數不可以使用，後者29劃，善於決策領導，易功成名就，能得他人器重，發揮一己專長，年輕時就可以得到名望跟財富，是爲吉數可以使用。

若依此而言，前者姓名在論斷時，各方面都每況愈下，所以應該論斷不好，後者各方面會漸漸好轉，所以應該論斷好。但好不好是個比較，由名字來說僅能得知個性的差異，而不是論斷實際的功成名就、榮華富貴，不過現實生活的觀察，是長時間的發展所累積，若以這樣的條件切入，再依筆劃數如此的理論，反而有參考的價值，也正成爲理論破綻所在。實際生活上，前者的人際關係圓融，辦事能力很強，很有發揮的空間，能掌握自己的情緒，並沒有因爲人格逢「四」的關係，而有較不良的影響，相對的，在事業、財富上反而能穩定成長。後者則是無頭蒼蠅，做事情很熱心沒錯，但由於缺少方法，常常讓人嫌囉嗦，而不太能接受自己的好意，雖然一直用心付出，稱讚聲卻是越來越少，心情容易鬱卒，情緒反倒不能掌控，有衝動想不開的可能。

陳哲毅比較式姓名學解釋

A格局爲人格生天格、地格生人格、人格生外格、人格剋總格，是標準的外勤與公關人才，辦事能力強，事情的分寸與調度頗能拿捏，因爲地格生人格，地格又屬火，懂得人際處事圓融與進退。

B格局爲人格生地格、總格剋人格、總格剋地格、天格剋總格，做事積極熱心，苦口婆心，有如全年無休的里長伯，但因爲太直接不修飾，如果是女性的話，老公因而不受約束，在外花天酒地喝花酒，如逢天運來生來剋，此種個性更加明顯，此格局的人，身體狀況無不理想，大部分原因是事業上太投入工作，自己體能卻不太能負荷所導致。

捌

三才五格姓名學

一、三才五格架構介紹

是從筆劃姓名學所演變而來，是因爲人們發現到八十一劃數理論的缺失，想加強探討三才五格其中的關係，而非只憑單一的吉凶數來論斷，但主要還是以「人格」作爲中心，跟其他四格的五行生剋做比較，瞭解個人對於各方面的互動關係。其理論比起筆劃數稍微深入，也比較有根據，但仍然有很多缺失，像是生剋的解釋上，太過注重相生、而忽略了相剋，以爲生多的關係才是好、被剋多的關係是凶，這樣的論調其實是太過於偏頗的，跟正確的姓名學理論相比較，對於實際的姓名論斷上，會有相當大的差距，沒辦法掌握到姓名學的核心，讓人有所誤解。

二、五行生剋互動

五行就是筆劃數的屬性，一共有五種屬性，就是金、木、水、火、土。它們的關係有生有剋，也有相同的比和，顯示出不同的性質，也就是不同的關係表現。被生或比和多半會被認爲是吉，被剋多半認爲是凶。

三、三才五格姓名學案例

例一：姊妹性格論差異、重在人地誰剋誰

姊妹兩人不僅名字總筆劃數只差一劃，連三才都一樣爲金土土，但彼此待人處世的圓融度卻有天壤之別，只因爲差在人格生地格和地格生人格，而不是坊間所說，三才的五行配置若一樣，個性跟遭遇就會一樣。

A.	1	
	16〉	17金
	9〉	25土
金8	7〉	16土
		32金

B.	1	
	16〉	17金
	9〉	25土
金7	6〉	15土
		31水

三才五格姓名學解法

兩個姊妹的姓名由於總筆劃數只差一劃，因此在三才五格的部分，非常的相似，若用三才五格的姓名學理論來講，兩個人的個性跟遭遇應該相近，如同書上所講，三才爲金土土的情況，五行是相生而沒有衝剋的，表示爲人能敬重長輩，能夠獲得提拔，出外可以遇見貴人，事業上平步青雲，可以得到不錯的部屬，很會處理事情，讓自己不用太過操心，年輕的時候功名就能顯露，中年時名聲遠播，會有很高社會地位，財富方面可以慢慢累積，一輩子衣食無缺，是爲大吉大利的格局。但是實際上卻不是如此，兩個姊妹的個性截然不同，而且外在的表現跟內在的想法，剛好相反，不同於書上所講，只是朝著好的方向發展。

爲什麼會如此呢？難道說姓名的三才五格的配置不重要，還是在論述上有了錯誤，不然筆劃跟五行幾乎相近的姓名，就只差那麼一劃，兩姊妹的個性居然是天南地北。其實三才五格姓名學的基礎理論沒有問題，問題是出在五行的配置上，三才五格姓名學太過強調「相生」，卻認為「相剋」是不好的，而且著重於三才（天格、人格、地格）的配置，而沒有考量到整體的架構，整體架構應該是姓名中十種格局的生剋關係，十種關係就是「天格跟人格」、「天格跟地格」、「天格跟外格」、「天格跟總格」、「人格跟地格」、「人格跟外格」、「人格跟總格」、「地格跟外格」、「地格跟總格」、「外格跟總格」。就這兩個例子來說，三才金土土是相同，可是一個是人格生地格、一個卻是地格生人格，就單一情況來看，只論姓名這個部分的話，彼此差異可能還不太明顯，可是因為姓名重視的是整體架構，整體架構中若其他都相似，就只有這個部分不同的話，那十格之間的對待關係也就完全不一樣，如此兩者的姓名就不是單一部分的差異而已，而是整體的部分都有差異，強弱的程度會相當的明顯。

像前者是人格生地格，做什麼事情都會比較直接，因此不太會深思熟慮，很容易出差錯，得罪人的情況就比較多。但後者是地格生人格，做事情會比較迂迴有打算，懂得替別人著想，人際關係較圓滑，眞的出了問題也比較有人肯幫忙。這是因為姓名當中十格生剋的差異，而並非相生的三才、相生的五行就是吉祥的。

陳哲毅比較式姓名學解釋

A格局爲人格生地格，五格筆劃有陰陽，外表長相漂亮醒目，和異性相處有如哥兒們，肯努力做，充滿責任心，可惜老公卻不領情，自己凡事愛爭輸贏，喜好面子，理財未花在刀口上，省小錢花大錢，心直口快，貴人運不顯。

B格局五格相同，差異在地格生人格，長相雖沒A格亮麗，但人際關係圓融度高很高，比較有女人氣質，感性與理性並重，善解人意、體諒長輩，只可惜配偶較沒耐性，心情容易晴時多雲偶陣雨，家務是看情緒好壞來決定做不做，情緒不好懶得洗衣服、下廚房，屋子擺設一團糟。

例二：名字總格差一劃、個性婚姻分兩極

相同一對姊妹，天格、人格、地格都是金土木，但因爲姓名總筆劃數差一劃，地格與外格的生剋關係卻讓個姓和人際關係，夫妻相處模式有了極大的差異。

A.　　1
　　17〉18金
　　8〉25土
土15　14〉22木
　　39水

B.　　1
　　17〉18金
　　8〉25土
木14　13〉21木
　　38金

三才五格姓名學解法

如果依照三才五格姓名學來論斷，這兩個人的個性跟遭遇，是應該相差不多的，而且問題會出在五行的配置上，因爲相剋的情況，所以會認爲是不好的姓名格局，其理論解釋爲一生辛苦勞碌，有懷才不遇的情況，在感情婚姻上不是很順利，配偶對自己沒有實質幫助，反倒會連累自己，跟長輩的相處上，關係也會很緊張，沒辦法獲得幫助，事業方面庸庸碌碌，財來財去過眼雲煙。但實際生活上，兩人的情況完全不同，尤其是跟配偶的關係，完全沒辦法相提並論，這也是因爲姓名格局生剋不同的緣故，而不是三才當中五行相剋的影響。

前者是地格剋外格，對事情比較挑剔，爲人雖然精明能幹，但是做事情比較斤斤計較，讓人覺得很反感，因此朋友越來越少，外格也代表配偶，因此跟老公相處上，自己會很囉嗦，叮得很緊，所以老公會想逃避，久而久之，關係就不會很親密。後者是地格生外格，自己比較好講話，很容易請求拜託，加上本身很會說話，看起來又很容易親近，出外人緣會比較好，跟配偶相處的情況，自己不會太過苛責，懂得進退分寸，所以彼此能夠溝通協調，關係維持得還算不錯。這兩人的差別，是由於整體姓名格局的生剋關係不同，不是因爲三才五格當中有五行相剋的緣故。

陳哲毅比較式姓名學解釋

A格局爲地格剋外格、人格剋總格、總格生地格，爲人矜持，打扮保守不突出，很會料理家庭事務，缺點則是講話不留口德，不顧慮他人感受，說話愛用命令式來指揮，更不懂得向老公撒嬌，雖然勤儉持家，老公卻嫌得要命，兩人的關係漸行漸遠、相敬如冰。

B格局為地格生外格、人格生總格、總格剋外格，外在人緣好、個性活潑開朗，打扮突出亮麗，說話能言善道，很得長輩緣疼愛，出外貴人與朋友多，家事也肯動手做，即使犯錯被老公責怪也會檢討接受，唯一的缺點就是好交朋友，導致容易誤信讒言，被損友拖累。

例三：生有剋無吉不見、剋有生無凶帶吉

坊間姓名學總以五格筆劃五行相生為吉、相剋為凶，實則都是如此嗎？不見得，依我多年來的研究觀察，相生多非吉，多剋不為凶，有生無剋財不利，生多無化主大凶，有剋無生凶藏吉。

A.	1	
	16〉	17金
	8〉	24火
金7	6〉	14火
		30水

B.	1	
	16〉	17金
	9〉	25土
土6	5〉	14火
		30水

三才五格姓名學解法

三才五格姓名學的理論當中，以五行相生作爲最吉祥的姓名格局，而五行相剋就當作是不利的姓名格局，如此的強調「相生爲好、相剋爲差」，使得大家都誤以爲眞正的姓名學，就只是把握「生多剋少」的原則，其實這樣的觀念，跟筆劃數姓名學一樣，不僅誤導了大家的方向，也讓很多人對姓名學產生疑惑，甚至嗤之以鼻，因爲由實際的例子來看，很多五行相生的名字，人生際遇都不怎麼理想，而且運途辛苦勞碌，但有很多五行相剋的名字，像是高官顯貴、明星藝人，卻都飛黃騰達、大紅大紫。如此的差異，難怪會有人對姓名學不信任，尤其是三才五格的姓名學說，是廣為大眾所知的理論，如果不深入探究推敲，找出正確的姓名學理論來詮釋，相信以後大家就不會認同姓名學，這無疑代表著人們失去了能增加後天運勢的良好工具跟途徑。

依前者的姓名來看，三才為金火火，五行相剋，是較差的格局，後者的姓名，三才是金土火，五行相生，是較好的格局。但是事實上並非如此，以前者的格局來說，能夠善解人意，懂得他人的心理，加上個性獨立，不容易被他人影響，所以吃虧的機會少，並不是因為姓名有剋的緣故，所以會去欺壓他人，佔人家便宜。而以後者的格局來說，一樣獨立自主，但是個性較為沉靜，不喜歡爭取表現，有問題不好意思說出，因此鬱卒的機會就多，而不是姓名被生就沒問題，能夠得到幫助，事事順心如意。

其實姓名學當中的陰陽生剋，不是只有表面上如此簡單，有各種不同層面跟層次的涵義，生出不代表就是白白付出、浪費心力、沒有收穫，被生不代表得到幫助、衣食無虞、人際順暢；剋出不代表脾氣暴躁、惹事生非、不好管教，被剋不代表多災多難、辛苦勞碌、一事無成。而是要以客觀、中庸來看待，用不同角度來看待，姓名的生剋關係才會妥當、準確。

陳哲毅比較式姓名學解釋

A格局爲地格生人格、人格剋天格、人格剋外格、總格剋人格，從小受到父母親照顧寵愛，自主性強、力爭上游，對父母的心意很瞭解，會說甜言蜜語，對無理要求敢於拒絕，堅持不做濫好人，自信心十足，說話頭頭是道。

B格局爲地格生人格、人格生天格、人格生外格、人格剋總格，老實憨厚肯做，屬於默默付出卻不求回報類型，天生是濫好人一個，感性重於理性，流於情緒化，與父母親緣薄，受寵愛機會少，拙於包裝推銷，做事常空忙一場，事半功倍，由於好說話，不會拒絕請求而常被朋友連累。

玖

英文姓名學

一、英文姓名學簡介

什麼是英文姓名學呢？有些人可能不太清楚，而存有一些疑惑，難道取外國的名字也有學問嗎？其實跟中文姓名學一樣，外國姓名也講求吉凶好壞，都是由字形、字義、字音的好壞來判斷，用來推斷個人的運勢如何？這也是經過長時間的統計，所得出來的結果。在此則是套用中國的三才五格陰陽生剋學說，使各位瞭解自己英文姓名是否妥當，或者是取個吉祥的英文姓名，來幫助自己開展運勢。

常見男性英文姓名簡介

英文姓名及翻譯	姓名原始涵義	姓名優缺點
Aaron(艾倫)	高大的山、受神啓示與開通的。	優點：業務有很多客戶 缺點：容易挫折不斷
Abbott(艾步特)	具有偉大精神的意思	優點：很有才華、但需要人提拔推薦 缺點：小人多、沒有貴人幫助
Adam(亞當)	人類第一位男性、代表所有的男性	優點：好名聲 缺點：無
Adolph(阿道夫)	像狼族一樣、高貴的意思	優點：無 缺點：容易與人失和、摩擦
Alan(艾倫)	英俊的、和平的、高興的	優點：努力奮鬥易有成就 缺點：容易有口舌之災、與人爭執
Albert(艾伯特)	高貴且聰明的	優點：可以順利開展事業 缺點：容易遭受到無妄之災
Alexander(亞歷山大)	人類的保護者、古代國王的通俗姓名	優點：事業上會很有成就 缺點：人際上容易猜忌多疑
Alvin(阿爾文)	被大家所喜愛的、每個人的朋友	優點：人際關係良好 缺點：工作多辛勞、休息時間少
Andy(安迪)	勇敢的、善戰的	優點：本身人緣不錯、異性朋友多 缺點：做事情容易三心二意

Antony(安東尼)	值得讚美、備受尊崇的	優點：可累積財富、人際關係良好 缺點：無
Antonio(安東尼奧)	值得讚美、備受尊崇的	優點：處理糾紛的協調性佳 缺點：受到打擊時容易失魂落魄
Barnett(巴奈特)	高貴的天賦、人類的領袖	優點：很有才華、但人際關係差 缺點：出外容易遭惹禍端
Baron(巴頓)	高貴的、勇敢的戰士	優點：事業上的貴人很多 缺點：易受環境阻礙
Bart(巴特)	耶穌十二門徒之一	優點：無 缺點：繁雜的事情很多、煩惱會很多
Beck(貝克)	溪流的意思	優點：人緣佳、做事協調性好 缺點：無
Ben(班)	山峰的意思	優點：做事情易有收穫回報 缺點：遇到誘惑容易迷失自我
Benjamin(班傑明)	幸運的、好運的	優點：無 缺點：容易喪志消沉、做事反覆無常
Bennett(班奈特)	受到祝福的人	優點：才華容易展現 缺點：出外容易衝動、易遭惹是非
Bertram(布特萊姆)	幸運且傑出的人	優點：做事謹慎、出外可得財富 缺點：口舌是非多、易遭人中傷

Bill(比爾)	強而有力的戰士或保護者	優點：無 缺點：孤獨無伴、做事消極
Bob(鮑伯)	輝煌的名聲	優點：無 缺點：做事不謹慎、常常出差錯
Brian(布萊恩)	有權勢的領袖、出生高貴之意	優點：經常可以獲得幸運 缺點：心情常煩悶、沒辦法紓解
Bruce(布魯斯)	森林的意思	優點：出外會有貴人相助 缺點：常與人意見不合、是非糾紛多
Caesar(凱薩)	皇帝、領袖的意思	優點：出外名聲響亮 缺點：意志消沉、做事不積極
Carter(卡特)	駕駛馬車的人	優點：利於感情、婚姻美滿 缺點：爭取名利會有阻礙
Charles(查理斯)	強壯的、強健的、具有高貴心靈的	優點：功成名就 缺點：做事情容易白忙一場
Christian(克里斯汀)	信徒、追隨者的意思	優點：事業奮鬥容易成功 缺點：風波不斷、事情繁雜
Cleveland(克里夫蘭)	基督的僕人或侍從	優點：奮鬥努力 缺點：做事反反覆覆、事倍功半
Daniel(丹尼爾)	上帝是我的仲裁人的意思	優點：有貴人、財運不錯 缺點：容易孤單、會有缺憾發生

Dave(迪夫)	所深愛的人	優點：有貴人、名聲響亮 缺點：困難阻礙多、易辛苦勞累
David(大衛)	所深愛的人	優點：通常有好運降臨發生 缺點：辛勞做事卻沒有回報
Dick(狄克)	大膽的、勇猛的	優點：善於計劃執行、容易成功 缺點：無
Douglas(道格拉斯)	來自黑海的人	優點：做事情很順利、容易有結果 缺點：無
Duncan(鄧肯)	皮膚黑褐色的戰士	優點：事業有成 缺點：做人處事不圓滿
Edison(愛迪生)	照顧他人來豐富自己、熱心公益的意思	優點：出外有貴人、易接觸好機緣 缺點：想法很多、常有心事在困擾
Edward(愛德華)	有錢財的監護人、英國國王姓名	優點：容易有靈感、創新點子多 缺點：容易爲小事情起煩惱
Edwin(愛德溫)	有價值的人、財產的獲得者	優點：無 缺點：工作辛苦、無法休息
Elvis(艾維斯)	高貴的、友善的	優點：能逢凶化吉 缺點：感情不順利、婚姻不幸福
Eugene(尤金)	高貴血統的	優點：做事情能得心應手 缺點：易生煩惱、憂愁

Fitch(費奇)	頭髮金色的人	優點：無 缺點：因小失大、心亂如痲
Frank(法蘭克)	自由無拘無束的人	優點：有貴人相助、但時間較晚 缺點：無
Gavin(法蘭克林)	自由的人	優點：無 缺點：心裡易產生迷惑
Geoff(傑佛)	神聖和平的意思	優點：無 缺點：出外有小人、做事有波折
George(喬治)	耕地的農夫	優點：出外可以得到名聲 缺點：心情不開朗、經常鬱鬱寡歡
Gordon(戈登)	英雄、強壯的人	優點：有創意想法 缺點：心事多、是非多、有波折阻礙
Haley(哈利)	有科學或發明天分的	優點：做事情易成功跟進步 缺點：易受到驚嚇、情緒不穩定
Hubert(哈伯特)	人格光明的意思	優點：出外可得名利 缺點：事情容易產生不好變化
Hunter(漢特)	以打獵爲樂的人	優點：無 缺點：心情煩悶
Ira(艾勒)	警覺性高的人	優點：心情能夠常保輕鬆愉快 缺點：無

Ives(艾維斯)	射箭技術高超的人	優點：利於功名、有賺錢的機會 缺點：出外容易遺失東西
Jack(傑克)	上帝仁慈的贈禮	優點：充滿責任感、直得信賴託付 缺點：無
James(詹姆士)	取而代之者的意思	優點：處理人際關係非常良好 缺點：投資理財容易衝動而損失
Jason(傑森)	具備豐富知識的人	優點：出外容易有貴人幫助 缺點：心事重重、做事情不牢靠
Jeffrey(傑佛瑞)	神聖的和平	優點：無 缺點：勞心勞力、出外易犯小人
Jim(吉姆)	取而代之者的意思	優點：無 缺點：工作方面容易事半功倍
Joe(喬)	上帝的賜與	優點：無 缺點：容易忘東忘西、損失財物
John(約翰)	上帝的贈禮	優點：人緣佳、容易得到朋友幫助 缺點：易情緒化、心亂如麻
Julian(朱利安)	頭髮柔軟的、年輕的意思	優點：事業有成、能夠出人頭地 缺點：不守信用、會有無妄之災
Kelly(凱利)	自然的風、戰士的意思	優點：做事情能夠一帆風順 缺點：心情容易受到影響而不安

Kevin(凱文)	很男性化的、出身背景不錯	優點：適合遠行出外 缺點：做事反覆無常
Leo(里奧)	獅子的意思	優點：做事仔細、肯用心經營 缺點：無
Lewis(路易斯)	在戰場上很出名的	優點：能夠逢凶化吉 缺點：無
Louis(路易士)	很有名氣的意思	優點：能夠逢凶化吉 缺點：憂愁滿面、心情不夠開朗
Magee(麥基)	容易發怒的人	優點：很會處理人際利益的糾紛 缺點：無
Mark(馬克)	有侵略性的人	優點：無 缺點：人多幻想、做事不切實際
Martin(馬丁)	好戰的、逞勇的、戰神的姓名	優點：無 缺點：阻礙難行、挫折不斷
Michael(麥克)	像上帝行儀的人	優點：利於合作或合夥事業 缺點：容易產生孤獨或留下缺憾
Moses(摩西)	從海中救人的人	優點：名聲顯著、有利於功名 缺點：事業僅能守成但開創不易
Myron(麥倫)	芳香的、甜味的	優點：人際關係良好 缺點：要經歷過多次失敗

Neil(尼爾)	勇敢的人、領袖、競賽冠軍的意思	優點：會有意外的成就 缺點：做事情有波折阻礙
Nelson(尼爾森)	兒子的意思	優點：有貴人幫助、能解決問題 缺點：講話容易得罪人
Newman(諾曼)	受歡迎的異鄉客	優點：努力奮鬥、事業可以成就 缺點：容易被利益給迷惑
Nick(尼克)	競賽勝利者	優點：有責任感、可以依賴 缺點：無
Oscar(奧斯卡)	神聖的矛	優點：無 缺點：好動無法靜下來、易生是非
Otis(奧迪斯)	聽覺很敏銳的人	優點：出外能逢凶化吉 缺點：無
Otto(奧特)	富有的、有錢的	優點：無 缺點：易與人失和、破壞人際和諧
Parker(派克)	看守公園的人	優點：天性樂觀、個性開朗 缺點：對他人容易起疑心而猜忌
Patrick(派翠克)	出身高貴世家的	優點：適合做企畫、很容易成功 缺點：容易錯失良機、要耐心等待
Paul(保羅)	矮小玲瓏的人	優點：處理事情很圓融 缺點：會遭他人嫉妒而受到打擊

Peter(彼得)	岩石或石頭的意思	優點：無 缺點：經歷苦難、心境較爲複雜
Philip(菲力浦)	好打戰、崇尚武力的	優點：成就非凡、有意外的幫助 缺點：會三心二意、難以下決策
Quincy(昆西)	排行第五的	優點：無 缺點：與人意見不合、行事反覆無常
Quinton(昆頓)	排行第五的	優點：利於理財或儲蓄 缺點：意志容易消極、不求進取
Regan(雷根)	帝王的、國王的	優點：奮鬥可以成就、但需等待時機 缺點：出門容易有意外發生
Rex(雷克斯)	國王的意思	優點：事業開展順利、會有好消息 缺點：無
Richard(理查)	勇猛的、大膽的	優點：適合創業投資 缺點：無
Robert(羅勃特)	名聲響亮、輝煌的	優點：無 缺點：個性孤僻、與人相處不合
Robin(羅賓)	名聲響亮、輝煌的	優點：無 缺點：逞口舌之快、做事情太過衝動
Rock(洛克)	指岩石、強壯勇猛的人	優點：執行計畫容易成功 缺點：出外容易發生意外災害

Roy(羅伊)	氣色紅潤、很健康的人	優點：爲人處事公道、能心安理得 缺點：無
Rudolf(魯道夫)	著名的狼、澳洲通用語	優點：可以獲得意外之財或利益 缺點：做事情容易出問題而遭禍端
Rupert(魯伯特)	輝煌的名聲、知名度高的	優點：無 缺點：尋尋覓覓、無所依靠
Sam(山姆)	上帝的名字	優點：可以存錢、適合投資 缺點：爲人嚴肅、不易親近
Sandy(山迪)	人類的防禦者	優點：出外人緣佳、可得幫助 缺點：奔波勞碌才能有所成就
Simon(賽門)	仔細聆聽的意思	優點：人際關係良好、腦筋靈活 缺點：意外災害多、容易有危險
Steven(史帝文)	一頂王冠	優點：無 缺點：執行工作常心有餘而力不足
Tab(泰德)	卓越的、智慧的	優點：無 缺點：易遭受打擊或阻礙
Thomas(湯瑪士)	太陽之神、雙胞胎的意思	優點：善於協調人際關係 缺點：欠缺開創事業的企圖心
Tiffany(帝芙尼)	上帝的神聖形象	優點：可獲得額外幫助 缺點：處事不公正、易失人心
Tom(湯姆)	太陽之神	優點：活潑好動、充滿好奇心 缺點：容易遇到阻礙、心情鬱卒

Tony(湯尼)	值得讚美、受到尊重的	優點：可獲得財利、但須待時機 缺點：無
Ulysses(尤里西斯)	智勇雙全的	優點：人格高尚、重視承諾 缺點：做事一波三折、苦難不斷
Valentine(范倫鐵恩)	強健的、強壯的人	優點：做事情能得支持、順利成功 缺點：家庭容易起風波
Vic(維克)	勝利者、征服者	優點：容易遇到好機緣而成功 缺點：失敗後很難東山再起
William(威廉)	強而有力的戰士、保護者的意思	優點：有貴人提拔、事業有成 缺點：無
Wayne(韋恩)	建造馬車的人	優點：思慮清晰、做事穩健 缺點：心情不定、易情緒化
Webb(韋伯)	編織布料的人	優點：利於求取功名 缺點：做事情不守信用、易有爭執
Xavier(塞維爾)	新房子的主人	優點：容易遇到好事情 缺點：人際失和
Yale(耶魯)	邊陲地帶的	優點：家中經常發生喜事 缺點：無
York(約克)	養野豬的人	優點：可信賴、奮鬥有成 缺點：疑心病重、會猜忌他人
Zachary(札克利)	爲上帝心儀的人	優點：心情愉快、待人誠懇 缺點：做事猶豫不決、易失去時機

常見女性英文姓名簡介

英文姓名及翻譯	姓名原始涵義	姓名優缺點
Alice(艾麗絲)	誠實無欺的意思	優點：出外遇到好機緣、有貴人 缺點：容易與人爭吵、意見不合
Alma(艾瑪)	慷慨的、友善的、眞情的	優點：願意熱心助人 缺點：心情不穩定、易發脾氣
Amanda(艾曼達)	值得去愛的	優點：出外人際關係良好；異性緣佳 缺點：易發生意外災害
Amelia(艾蜜莉雅)	勤勞的、勞動的	優點：待人處事很和氣、好親近 缺點：容易猶豫不決、錯失良機
Amy(艾咪)	最有愛心的人	優點：無 缺點：憂愁牽掛、做事情反覆無常
Angela(安琪拉)	天使、報信息者	優點：工作順利、升遷有望 缺點：意外災害多、有無妄之災
Ann(安妮)	優雅的	優點：財運良好、可獲意外之財 缺點：做事不牢靠、容易出亂子
Antonia(安東妮亞)	備受尊崇的人	優點：無 缺點：囉嗦煩人、態度曖昧不明
Arlene(艾蓮娜)	一個誓約、一件信物	優點：事業順心、能有成就 缺點：易犯小人、遭來惡意中傷

Athena(雅典娜)	希臘神話中掌管智慧、技藝、戰爭的女神	優點：出外有貴人幫助 缺點：易受驚嚇、挫折較多
Barbara(芭芭拉)	外地來的、異鄉人的意思	優點：適合投資理財、可獲得利潤 缺點：做事操勞、付出甚多
Belle(貝拉)	美麗聰明的、顯得高貴的	優點：人際關係良好 缺點：三心二意、前途茫茫
Bertha(貝莎)	聰明美麗的、有光榮的人	優點：人緣不錯、可獲得支持 缺點：像無頭蒼蠅、辦事不仔細
Betty(貝蒂)	上帝就是誓約	優點：凡事能夠轉禍爲福 缺點：有口舌是非、易有爭吵
Blanche(布蘭姫)	純潔無瑕的	優點：心情開朗、充滿活力 缺點：很斤斤計較、不易忘卻瑣事
Camille(卡蜜拉)	好品性、高貴的	優點：求財可成、但要耐心等待 缺點：容易著急行動而失敗
Caroline(卡洛琳)	勇猛、強壯、善戰的	優點：工作細心、待人誠懇 缺點：凡事原地打轉、畏畏縮縮
Catherine(凱薩琳)	純潔的人	優點：事業有成就、工作能順利 缺點：心情較煩悶、情緒不佳
Cathy(凱絲)	純潔的人	優點：無 缺點：做事易有挫折、容易起風波

Charlotte(夏綠蒂)	女性化的	優點：穩定中發展、事業可成 缺點：態度悲觀消極、事半功倍
Christine(克麗絲汀)	基督的追隨者	優點：人際關係良好、可運用資源 缺點：憂愁牽掛、放不下心事
Claire(克萊兒)	明亮的、聰明的	優點：奮鬥可成 缺點：做事反覆、需花費較多時間
Crystal(克麗絲多)	乾淨的冰、透明般的靈魂	優點：無 缺點：做事沒有信心、缺乏鬥志
Cynthia(辛西亞)	月亮女神的稱號	優點：態度積極、不怕困難 缺點：意氣用事、常惹麻煩
Daisy(黛西)	雛菊花	優點：懂人情事故、處理問題圓融 缺點：無
Dana(戴娜)	聰明且純潔的	優點：做事謹慎、可以投資獲利 缺點：無
Darlene(黛蓮娜)	親愛的人	優點：事業有成、可守財富 缺點：多小人騷擾、名譽受損
Diana(黛安娜)	光亮如白晝	優點：求財可成、投資有利 缺點：性格高傲、與人意見不合
Donna(唐娜)	貴婦、淑女	優點：性格溫和、不會惹事生非 缺點：進退不定、有懶惰的現象

Dorothy(桃樂絲)	上帝的贈禮	優點：聰明伶俐、可順利求取功名 缺點：做事會遇到挫折失敗
Eileen(愛琳)	光亮的意思	優點：能夠逢凶化吉 缺點：家庭風波多、容易牽掛在心
Elizabeth(伊莉莎白)	上帝就是誓約	優點：可遇到好機緣、發財有希望 缺點：無
Ellen(愛倫)	明亮的火把	優點：頭腦精明、創意不絕 缺點：容易計較、與人不和
Elma(艾瑪)	對朋友富有同情心的人	優點：善於投資理財 缺點：心情易受打擊、意志消極
Emily(艾蜜莉)	勤勞奮鬥的人	優點：經常可以得到好處 缺點：從事冒險活動、容易有危險
Erica(伊麗卡)	永遠有權力的	優點：辛勤工作、有豐富的收穫 缺點：出外旅行易有意外發生
Eve(伊芙)	生命、賦予生靈之母	優點：各方面可以穩定發展 缺點：做事情阻礙多、須等待時機
Fanny(芬妮)	自由的人	優點：緊要關頭有貴人相助 缺點：出外奔波多、家庭易有變故
Florence(弗羅倫絲)	開花的、美麗的	優點：容易遇到好機緣、可得財利 缺點：工作上會有人事問題

Genevieve(珍妮芙)	金法碧眼的人	優點：會有良好的名聲、知名度高 缺點：心情不定、易發牢騷
Gill(姬兒)	少女	優點：無 缺點：做情不順利、阻礙很多
Grace(葛瑞絲)	優雅的	優點：有利於功名、求財 缺點：易遭到失敗的命運
Hannah(漢娜)	優雅高貴的	優點：工作能慢慢開展、業績良好 缺點：做事反覆、有口舌是非
Helen	光亮的、美如女神般	優點：能夠逢凶化吉、有驚無險 缺點：愛管閒事、是非糾紛多
Iris(艾麗絲)	彩虹女神	優點：凡事能逢凶化吉 缺點：感情婚姻不順、容易孤單寂寞
Ivy(艾薇)	神聖的食物	優點：感情婚姻順利、心情開朗 缺點：事業上會有阻礙、較晚發達
Isabel(依莎貝爾)	上帝的誓約	優點：所求願望多半能夠達成 缺點：感情孤獨、易發生缺憾
Jamie(潔咪)	取而代之者	優點：做事謹慎小心、可獲得財富 缺點：情緒不佳、脾氣暴躁
Jane(珍)	少女、慈悲的	優點：做事謹慎、待人和氣 缺點：易犯小人、工作不順

Jean(琴)	上帝是慈悲的	優點：爲人努力、奮鬥可成 缺點：意外災害多
Jennifer(珍妮佛)	施魔法的女人、妖艷的女人、迷惑人的女人	優點：無 缺點：人際失和、感情不順
Jenny(珍妮)	少女	優點：有貴人幫助 缺點：波折不斷、事多生變
Joan(瓊)	上帝的贈禮	優點：奮鬥易有成就 缺點：做事時機容易拖延、產生變化
Jodie(喬蒂)	被讚美的、非常文靜的	優點：近財順利、事業有成 缺點：心多疑惑、做事推三阻四
Judy(朱蒂)	被讚美的	優點：異性緣佳、感情順利 缺點：易犯小人、從中作梗
Julia(朱麗亞)	頭髮柔軟的	優點：適合做投資、財運不錯 缺點：風波不斷、挫折不斷
Juliet(茱麗葉)	頭髮柔軟的	優點：容易出名、有貴人幫助 缺點：空虛寂寞、缺乏知心好友
Karen(凱薩琳)	純潔的	優點：感情婚姻生活幸福美滿 缺點：出外易與人衝突而結怨
Kelly(凱麗)	女戰士	優點：做事情能夠順利、有額外助力 缺點：身心不容易安定下來

Kitty(吉蒂)	純潔無瑕的	優點：壞事變好事、能否極泰來 缺點：有口舌是非、與人衝突
Laura(蘿拉)	月桂樹	優點：適合理財投資、能夠獲利 缺點：無
Lee(李)	草地、庇護所	優點：財運佳、適合從事投資 缺點：無
Lena(麗娜)	寄宿、住處	優點：有貴人幫助、出外人緣佳 缺點：是非多、意外多
Linda(琳達)	美麗的人	優點：心情開朗、平易近人 缺點：無
Lisa(麗莎)	對神奉獻的	優點：做事情謹慎小心、能有好結果 缺點：財運不佳、經常寅吃卯糧
Louise(露薏絲)	著名的、女戰士	優點：易有好機緣、經常有幸運之事 缺點：無
Lucy(露西)	帶來光明跟智慧的人	優點：眼光獨到、能夠投資獲利 缺點：易有意外、出入不平安
Maggie(瑪姬)	大海裡的珍珠	優點：名聲能遠播、投資能獲利 缺點：無
Margaret(瑪格麗特)	大海裡的珍珠	優點：有貴人相助、能逢凶化吉 缺點：事業上阻礙重重、會有困難

Maria(瑪麗亞)	痛苦、悲傷	優點：名聲響亮、人際良好 缺點：奔波不定、辛苦勞碌
Marian(瑪麗安)	優雅動人的	優點：凡事先悲後喜、能轉禍爲福 缺點：心情經常波動、憂心忡忡
Marina(瑪蓮娜)	來自海洋的	優點：善於投資、態度謹慎小心 缺點：感情婚姻尋尋覓覓、情緒憂愁
Mary(瑪麗)	來自海洋的	優點：事業有成就、能奮鬥上進 缺點：無
May(玫)	少女、未婚女子	優點：做事情能得心應手 缺點：心情不穩定、情緒起伏大
Melissa(蒙麗莎)	蜂蜜	優點：善於打扮裝飾、氣質高貴典雅 缺點：容易亂花費、金錢守不住
Mercy(瑪西)	慈悲、同情	優點：心情能穩定、做事認眞富足 缺點：財運不佳、沒有額外進帳
Michelle(蜜雪兒)	紫苑花、美麗的	優點：有人暗中相助、出外異性緣佳 缺點：易受到驚嚇、心情起伏大
Mona(夢娜)	高貴的、獨特的、孤獨的	優點：適合做理財投資、知名度高 缺點：無
Monica(莫妮卡)	顧問	優點：辛勤努力、能有收穫 缺點：心情不穩定、經常擔憂不斷

Nancy(南西)	溫文儒雅	優點：做事精神專注、工作順利 缺點：容易猶豫不決、錯失良機
Nicole(妮可)	勝利者	優點：眼光獨到、投資能夠獲得利潤 缺點：與人意見不和、容易犯小人
Olive(奧麗芙)	崇尚和平者	優點：無 缺點：做事反覆、心情不定
Olivia(奧麗維亞)	崇尚和平者	優點：事情容易有額外助力 缺點：做事三心兩意、欠缺魄力
Page(珮姬)	未長大的小孩	優點：有貴人幫助、問題能順利解決 缺點：心情不佳、經常發脾氣或憂鬱
Pamela(潘蜜拉)	令人心疼的、喜歡惡作劇的小孩	優點：人際關係良好 缺點：憂愁掛心、做事情心不在焉
Pandora(潘朵拉)	指世界第一個女人的意思	優點：事情可以朝好的方向發展 缺點：經歷挫折多、心情沉重
Patricia(派翠西亞)	出身高貴的	優點：做人處事和氣、能辛勤工作 缺點：必須面臨沉重的打擊
Penny(潘妮)	沉默的編織者	優點：能夠看得開、心情輕鬆愉快 缺點：阻礙挫折多、出外沒有貴人
Queen(昆娜)	貴族、高貴的	優點：有貴人相助、事情能夠順利 缺點：心情不穩定、情緒起伏大

Rebecca(麗貝嘉)	擁有迷人的美	優點：工作勤奮、能獲得賞識 缺點：波折較多、需耐心等待時機
Rita(麗達)	珍珠、勇敢的、誠實的	優點：無 缺點：是非多、小人多、名譽易受損
Rose(羅絲)	花朵盛開的意思	優點：熱心公益、人際關係圓融 缺點：易受到打擊、壓力沉重
Ruby(露比)	指紅寶石	優點：善於打扮、外表亮麗 缺點：講話尖酸刻薄、易招小人
Sally(莎麗)	指公主	優點：事情能夠由壞轉變成好 缺點：風波阻礙多、心情不穩定
Samantha(莎曼莎)	專心一致的人、領聽的人	優點：工作順利、能得到肯定 缺點：奔波辛苦、家庭事故多
Sandy(姍蒂)	人類的保衛者	優點：人緣甚佳、能結交朋友 缺點：感情不佳、經常牽掛心頭
Sara(莎拉)	指公主	優點：遇到好機緣、願望能成眞 缺點：心情不開朗、寂寞空虛多
Sherry(雪麗)	來自草地的	優點：奮鬥努力、會有人暗中幫助 缺點：事情有波折、進行得不順利
Sophia(蘇菲亞)	有智慧的人	優點：適合投資理財、與人合夥 缺點：感情不順利、人情困擾多

Susan(蘇姍)	一朵小百合	優點：奮鬥易有成就 缺點：易發生缺憾、情緒難撫平
Tiffany(蒂芙妮)	薄紗、上帝的形象	優點：工作順利、人際良好 缺點：自我主張強、易與人結怨
Venus(維納斯)	愛與美的女神、極美麗的女性	優點：無 缺點：性情多猜疑、人際關係多失和
Victoria(維多利亞)	獲得勝利的	優點：無 缺點：人際關係差、易失魂落魄
Vicky(維琪)	獲得勝利的	優點：眼光獨到、能夠投資獲利 缺點：孤獨寂寞、心靈空虛
Wendy(溫蒂)	具有冒險精神的女孩	優點：人際關係佳、個性溫和 缺點：波折多、阻礙多、煩惱多
Zoe(若伊)	生命、充滿生命力的	優點：意志堅韌、行動果決 缺點：無

二、英文姓名三才五格配置與算法

英文三才五格的算法，其實跟中國姓名大同小異，用姓氏跟名字來計算，只要知道英文字母（大寫）所代表的筆劃數，正確的取出天格、人格、地格、外格、總格的架構，就可以套用姓名學的理論來加以推斷論數。

英文字母筆劃查表

A、三劃	I、一劃	Q、二劃	Y、二劃
B、二劃	J、二劃	R、三劃	Z、一劃
C、一劃	K、三劃	S、一劃	
D、二劃	L、一劃	T、二劃	
E、三劃	M、二劃	U、一劃	
F、三劃	N、三劃	V、一劃	
G、三劃	O、一劃	W、一劃	
H、三劃	P、二劃	X、二劃	

三、英文姓名學案例

例一：王雷根

英文姓名為Wang Reagan　中文姓名：王雷根

步驟一：轉換成大寫WANG REAGAN

步驟二：計算筆劃跟安排三才五格

筆劃	字母
1	W
3	A
3	N
3	G
3	R
3	E
3	A
3	G
3	A
3	N

天格10劃水

人格6劃土

地格18劃金

外格7劃 ＋ 外格15劃＝22劃木

天格：由W加到G爲10劃水　人格：G加R爲6劃土
地格：由R加到N爲18劃金　總格：由W到N全部相加爲28劃金
外格：由W加到N爲7劃土，由E加到N爲15劃，兩者相加爲22劃木
步驟三：套入三才五格的架構來推斷
此姓名的格局爲：
人格剋天格、人格生地格、外格剋人格、總格剋人格、地格生天格、地格剋外格、地格剋總格、總格生天格、外格剋天格、外格生總格。
步驟四：查閱相關資料、如前述六大姓名理論、或者陳哲毅姓名學相關書籍。

例二：林愛迪生

英文姓名爲 Lin Edison 中文姓名：林愛迪生
步驟一：轉換成大寫 LIN EDISON
步驟二：計算筆劃跟安排三才五格

天格5劃　人格6劃土　地格11劃木

L	1
I	1
N	3
E	3
A	2
I	1
S	1
O	1
N	3

外格2劃　＋　外格8劃＝10劃水

天格：由L加到N爲5劃土　人格：N加E爲6劃土

地格：由E加到N爲11劃木　總格：由L到N全部相加爲16劃土

外格：由L加到I爲2劃，由A加到N爲8劃，兩者相加爲10劃水

步驟三：套入三才五格的架構來推斷

此姓名的格局爲：

天格生人格、地格剋人格、人格剋外格、人格生總格、地格剋天格、外格生地格、地格剋總格、地格剋天格、天格剋外格、總格剋外格。

步驟四：查閱相關資料、如前述六大姓名理論、或者陳哲毅姓名學相關書籍。

例三：楊愛麗絲

英文姓名爲Yang Alice 中文姓名：楊愛麗絲

步驟一：轉換成大寫YANG ALICE

步驟二：計算筆劃跟安排三才五格

天格5劃　人格6劃土　地格9劃木

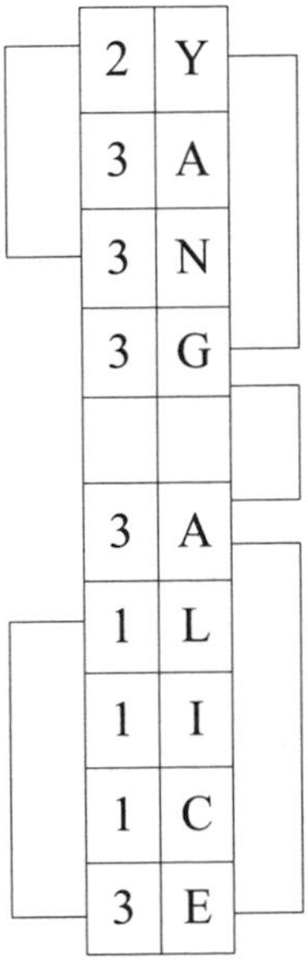

外格8劃 ＋ 外格6劃＝14劃火

天格：由Y加到G爲11劃木　人格：G加A爲6劃土

地格：由A加到E爲9劃水　總格：由Y到E全部相加爲20劃水

外格：由Y加到N爲8劃金，由A加到E爲6劃，兩者相加爲14劃火

步驟三：套入三才五格的架構來推斷

此姓名的格局為：

天格剋人格、人格剋地格、人格生外格、人格剋總格、地格生天格、外格生地格、地格生總格、總格生天格、外格剋天格、外格生總格。

步驟四：查閱相關資料、如前述六大姓名理論、或者陳哲毅姓名學相關書籍。

例四：陳珍妮

英文姓名為Chen Jenny　中文姓名：陳珍妮

步驟一：轉換成大寫CHEN JENNY

步驟二：計算筆劃跟安排三才五格

天格10劃　人格5劃土　地格11劃木

C	1
H	3
E	3
N	3
J	2
E	3
N	3
N	3
Y	2

外格7劃　＋　外格11劃＝18劃金

天格：由C加到N爲10劃水　人格：N加J爲5劃土

地格：由J加到Y爲11劃木　總格：由C到Y全部相加爲23劃火

外格：由C加到E爲7劃，由E加到Y爲11劃，兩者相加爲18劃金

步驟三：套入三才五格的架構來推斷

此姓名的格局爲：

人格剋天格、地格剋人格、人格生外格、總格生人格、天格生地格、外格剋地格、地格生總格、天格剋總格、外格生天格、總格剋外格。

步驟四：查閱相關資料、如前述六大姓名理論、或者陳哲毅姓名學相關書籍。

拾

日文姓名學

一、日文姓名學簡介

日本姓名學最早的起源，其實就是熊崎式發明的八十一劃數，他參考了中國蔡九峰的著作，並將易經中的概念翻譯爲五行生剋、定三才五格，用於姓名之上來推斷人生的運勢起伏，然後再由白惠文傳入台灣，成爲廣泛流行的姓名學，尤其是「五行順生爲佳、相剋爲差」跟「姓名筆劃逢四必凶」的理論，幾乎成爲不可牴觸的禁忌。但隨著近年來生肖姓名學、九宮姓名學的興起，筆劃姓名學的熱潮稍退，但仍然是大家最爲熟知的姓名理論。這裡介紹的日文姓名學，是以漢字爲主要，以日文的算法爲輔，一樣套入三才五格的理論，做不同層次的解析，來幫助大家瞭解算法，跟日文姓名學的基本概念。

二、日文姓名取用參考（藝人）

男子姓名		女子姓名	
千業涼平	二宮和也	千田愛紗	千　秋
大野智	小山慶一郎	大黑摩季	大塚愛
小川哲也	小田和正	小松未步	小柳由紀
小田和正	小池撤平	小野麗莎	山口百惠
小林桂	小室哲哉	川本眞琴	川島茉樹代
三宅建	中丸雄一	工藤靜香	上原多香子
中島卓偉	今井翼	中山亞微梨	中山美穗
內博貴	森田生田	中島千晶	中島美雪
平井堅	玉置浩二	中島美嘉	中森明菜
生田斗眞	田口淳之介	五島千佳	今井繪理子
伊崎右典	伊崎央登	元千歲	內田有紀
光永亮太	西川貴敎	友阪理惠	古谷仁美
尾崎豐	村上信五	加護亞依	市井紗耶香

杉原康弘	良知眞次	玉置成實	田中麗奈
赤西仁	和山義仁	矢井田瞳	石川梨華
剛田准一	河村隆一	吉田亞紀子	吉澤瞳
松本潤	近藤眞彥	宇多田光	安室奈美惠
長野博	長賴智也	安倍夏美	安達祐實
屋良朝幸	相葉雅紀	安藤希	米希亞
宮成俊太	桑田佳佑	佐藤梢	佐藤麻衣
神威樂斗	堂本光一	剛田有希子	岩崎宏美
堂本剛	鳥羽潤	林明日香	松田聖子
森田剛	新堂敦士	松任谷由實	松浦亞彌
福山雅治	續方龍一	松隆子	知念里奈
增山裕紀	德永英明	阿嘉奈津	前田亞季
橘慶太	錦戸亮	後藤眞希	持田眞樹
龜梨和也	鍵本輝	持田香織	柳井愛子
藤井郁彌	寶井秀人	相川七瀨	倉木麻衣
櫻井翔	武田鐵矢	島袋寬子	柴崎幸

三、日文姓名筆劃算法

日文範例解法

(一)複姓雙名

	小	3〉	
	室	9〉	12木
	哲	11〉	20水
水10	哉	9〉	20水
			32木

天格：3＋9＝12劃木　人格：9＋11＝20劃水　地格：11＋9＝20劃水

外格：3＋9＝12劃木　總格：3＋9＋11＋9＝32劃木

姓名格局簡易解釋：

人格生天格、人格比和地格、人格生外格、人格生總格、地格生天格、地格生外格、地格生總格、天格比和外格、外格生總格、天格生總格。若要深入的分析姓名，請參考前述六派姓名學相關資料，以及陳哲毅直斷式姓名學、比較式姓名學。

(二)複姓雙名

	堂	11		
	本	5〉	16	土
	光	6〉	11	木
木2	一	1〉	7	金
			23	火

天格：11＋5＝16劃土　人格：5＋6＝11劃木　地格：6＋1＝7劃金

外格：11＋1＝12劃木　總格：11＋5＋6＋1＝23劃火

姓名格局解釋：

人格剋天格、地格剋人格、人格生外格、人格生總格、天格生地格、地格剋外格、總格剋地格、外格剋天格、總格生天格、外格生總格。若要深入的分析姓名，請參考前述六派姓名學相關資料，以及陳哲毅直斷式姓名學、比較式姓名學。

(三)複姓單名

	三 3		
	宅 6〉	9	水
	健 11〉	17	金
木2	1〉	12	木
		21	木

天格：3＋6＝9劃水　人格：6＋11＝17劃金　地格：11＋1＝12劃木

外格：3＋1＝4劃火　總格：3＋6＋11＝20劃水

姓名格局解釋：

人格生天格、外格剋人格、人格剋地格、天格生地格、天格剋外格、地格生外格、天格生總格、人格剋總格、總格生地格、總格剋外格。若要深入的分析姓名，請參考前述六派姓名學相關資料，以及陳哲毅直斷式姓名學、比較式姓名學。

(四)單複姓雙名

	工	3		
	藤	22〉	25	土
	靜	16〉	38	金
水10	香	9〉	25	土
			50	水

天格：3＋22＝25劃土　人格：22＋16＝38劃　地格：16＋9＝25劃土

外格：3＋9＝12劃木　總格：3＋22＋16＋9＝50劃水

姓名格局解釋：

天格生人格、地格生人格、人格剋外格、天格生地格、外格剋天格、外格剋地格、天格剋總格、人格生總格、地格剋總格、總格生外格。若要深入的分析姓名，請參考前述六派姓名學相關資料，以及陳哲毅直斷式姓名學、比較式姓名學。

(五)多復姓單名

	宇	6	17 金
	多	5〉	
	田	6〉	11 木
木2		1〉	7 金
			23 火

天格：6＋6＋5＝17劃金　人格：5＋6＝11劃木　地格：6＋1＝7劃金

外格：6＋6＋1＝13劃火　總格：6＋6＋5＋6＝23劃火

姓名格局解釋：

天格剋人格、地格剋人格、人格生外格、地格生天格、外格剋天格、外格剋地格、總格剋天格、人格生總格、總格剋地格、外格生總格。若要深入的分析姓名，請參考前述六派姓名學相關資料，以及陳哲毅直斷式姓名學、比較式姓名學。

㈥單姓雙名

		1		
	米	6〉	7	金
	希	7〉	13	火
水9	亞	8〉	15	土
			21	木

天格：1＋7＝8劃金　人格：6＋7＝13劃火　地格：7＋5＝15劃土

外格：8＋1＝9劃水　總格：6＋7＋8＝21劃木

姓名格局解釋：

人格剋天格、人格生地格、外格剋人格、地格生天格、天格生外格、地格剋外格、天格剋總格、總格生人格、總格剋地格、外格生總格。若要深入的分析姓名，請參考前述六派姓名學相關資料，以及陳哲毅直斷式姓名學、比較式姓名學。

拾壹

八字好壞天註定，唯有姓名來幫忙

前言

就八字學的理論來看，人的八字在呱呱落地的時候就以已經註定，而且一輩子都不會改變，也就是說八字是好就是好，是壞就是壞，但無論好壞都沒辦法用後天的方法再加以改變，貧富貴賤的階級都是如此，這就是一個人的宿命。但那是就以前的角度來觀察，就在很多父母親爲了要讓孩子將來有所成就，而不依照原本順其自然的方式生產，用人爲的方式來加以操作時間，還特地選擇跟「政商名流」相同八字，讓孩子能夠有個好的八字格局，將來能夠出人頭地，這原本無可厚非，不過人算不如天算，有些人還是常常會怨嘆，爲什麼八字相同，命運卻不相同，到底是什麼緣故呢？其實最簡單的理由是，個人的八字本來就不是人生的全部，兩個人雖然八字相同，可是彼此的背景環境、成長過程、求學經歷、婚配嫁娶，一定都不盡相同，當然兩個人的命運也就大不相同。

當然有的人會問說，那麼八字不就失去準確度，幫孩子選擇良辰吉時不就白費工夫？

這個問題看你從哪個角度來看，如果說依照宿命的觀點來看，八字的命運若決定了，個人勢必只能照著趨勢度過人生，那麼個人活在世間的價值就沒有了，而且就事實的相同案例來判斷，也沒有人是完全一模一樣，所以說八字不代表全部，只代表推算福禍祿忌的方式罷了，是一個參考的標準。那麼八字是否對人生有所影響呢？答案當然是肯定的，用蓋房子來比喻的話，「八字」的天干地支就像是房子的基本材料，而「名字」就像設計藍圖，有材料不一定能蓋成好房子，可是沒材料一定不能蓋房子，而且要按照一定的規則來建築，不是說材料齊全就萬事俱備，還要好的設計藍圖來施工，不然會糟蹋了好材料。因此有好的八字需要配合適當的名字，才能飛黃騰達、更上一層樓，而較差的八字更是需要名字來補救，讓人生旅途不那麼坎坷，而怨嘆連連。因此良好的姓名的定義就是讓你把現有的基礎材料，建築出最適合的房子。

而且重要的是，先天的八字是無法改變的，但是後天的名字卻可以自由更換，掌控在自己手裡，因此不滿意自己的名字，可以重新改變更換，也可以改回原來的名字，沒有什麼太大的限制，姓名的改變對自己絕對有幫助，但重點在於名字三才五格的陰陽生剋的整體架構裡面，而不是單純的筆劃數，或是字形、字音、字義的關係，所以必須請教專業的姓名老師來更換姓名，才能達到開運轉變的效果，讓人生的旅程更加平順。

例一：蠟燭兩頭燒、辛苦不得閒

坤造民國三十二年五月九日午時

正印　癸未　正財　三辛未　四十三乙亥

七殺　庚午　傷官　十三壬申　五十三丙子

甲子　正印　二十三癸酉　六十三丁丑

七殺　庚午　傷官　三十三甲戌　七十三戊寅

八字評斷

甲木日主生於夏月，正逢火旺木焚之際，最喜癸水通干爲用，取「傷官配印格」主得權威之勢，印星得力，煞星虛浮無力，財來滋煞，一生必然有錢。

以她本身的八字來看，八字是天剋地沖而合少，乃爲能者多勞之命格。這表示自己這一生當中，會有很多操心勞碌的事情，沒有辦法閒下來享福，在工作上會盡心盡力表現，但是太過於忙碌，恐怕需要做些休閒活動來調劑身心，或者多接近藝術宗教，來培養豁達的心情，或許能忙裡偷閒，減輕自己的壓力。

傷官得令來說是「傷官駕煞格」，這表示她凡事能逢凶化吉，正印透干可解厄制化，書云「衆煞猖狂，逢印可化」又云「有病方爲貴，無傷不爲奇，格中如去病，財祿兩相隨」七殺爲病，印星爲藥乃爲貴顯，表示本身有幫夫運，能教養小孩，爲持家的賢妻良母。但是八字裡面，甲木日主受庚金所剋，健康方面稍差，要注意腦神經衰弱，或者頭疼方面的疾病。

A.本名格局分析

		1		
	張	11〉	12木	天
	禎	14〉	25土	人
外火14	琴	13〉	27金	地
			38金	總

還沒改名字之前，就她原本的格局來看，是天格剋人格、人格生地格、外格生人格、地格剋天格、外格剋地格、天格生外格。

個性在家庭方面，格局是天格剋人格、人格生地格，表示自己很主動付出，很有責任感，常常閒不下來，而且管得太多太雜，常常花費相當的心力，可是不一定能做好事情，老公或子女有需要的話，還會爲家人付出更多。事業財運方面，外格生人格、地格剋天格，雖然出外有點人緣，但自己好請求而被拖累，跟長官、老闆溝通上，自己比較不懂得包裝推銷，講話方面比較直接，若有衝突發生的話，表面上看起來會容忍，但若累積到相當程度，還是會將情緒爆發，造成有不可收拾的場面。錢財方面，外格剋總格，心裡想衝快，但卻很辛苦才能賺到。健康方面，由於姓名中地格剋天格的緣故，經常性頭痛，失眠睡不著，使得精神狀況不佳，很容易胡思亂想，而有腦神經衰弱的現象。

B.更名後格局分析

		1		
	張	11	〉12木	天
	宜	8	〉19水	人
外金8	彤	7	〉15土	地
			26土	總

在改過名字之後，她的格局變成了人格生天格、地格剋人格、外格生人格、天格剋地格、地格生外格、外格剋天格。

個性在家庭方面，格局是人格生天格、地格剋人格，外格生人格，自己會比較不那麼操心勞累，能夠懂得看人家臉色，然後見機行事，做事情也比較細心，不會像之前一樣，什麼都要管要忙，卻理不出頭緒來。事業財運方面，地格生外格、天格剋地格，跟朋友的來往上，考慮得比較多，配偶比較有影響力，會尊重老公的意見，不會輕易承諾，而被拖累的機會減少，跟主管、老闆溝通上，自己變得能夠主動付出，盡心盡力在工作上，抱怨的機會減少，講話也比較委婉不那麼衝，相處氣氛很明顯的改善。健康方面，天格剋地格的緣故，頭痛的症狀減輕，甚至消失了，嚴重失眠的情況也改善不少，自己也比較容易靜下心來，思緒比較能夠清楚，不會再有疑神疑鬼的情況。

C.搭配八字整體比較

就此女姓八字來看，甲木日主應屬身弱，而且逢天沖地剋，爲庚金剋甲木、子水沖午火，但是所走的時運很強，所遇到的助力多、貴人多，有不得不做的傾象，操心勞累就多，因此問題出在自己沒辦法休息，但不知道在忙什麼，想閒下來的話又經常擔心家裡的事情，因此心沒辦法靜下來，身體也很勞累。

搭配原本姓名來看，由於天格剋人格、人格生地格、外格生人格的關係，對家庭的付出很明顯的比較多，會比較囉嗦樣樣都想管，但是自己卻不夠細心，所以做得越多漏洞越多，以致於遭人嫌棄，但加上地格剋天格、外格剋地格、天格生外格，自己的脾氣很衝，比較不能忍耐被批評，別人的建議不一定能聽進去，所以這個姓名搭配八字來看，不是很理想，會加強操心勞累的程度，而且內心想法太過主觀強勢。

改過名字之後來搭配，變成人格生天格、地格剋人格、外格生人格，對家庭一樣付出，可是細膩度增加，懂得看情況來應對處理，辦事情妥當許多，摩擦衝突的機會就少，而天格剋地格、地格生外格、外格剋天格，自己的脾氣會比較收斂，而且比較不會那麼斤斤計較，凡事比較能看開，做事情會比較甘願。所以這個名字搭配八字來看，會比較適合，能增加本身的細膩程度，而降低出批漏的情況，作風也比較不會那麼強勢，想法不那麼極端，操心勞累的情況就減少。

例二：出外女大姊、交友要謹慎

坤造民國四十七年三月七日戌時

七殺　戊戌　七殺　七乙卯　四十七辛亥

偏財　丙辰　七殺　十七甲寅　五十七庚戌

壬申　偏印　二十七癸丑　六十七巳酉

偏印　庚戌　七殺　三十七壬子　七十七戊申

八字評斷

壬水日主生於季春，正逢春風得意之時，土星過旺，日主反弱，辰戌相沖，表示年輕時運勢不佳，波折較多，但庚金偏印透干爲「煞印相生格」，代表有貴人相助，能獲得支助，自己能掌握權威，是標準的職場女強人，要過中、晚年以後，事業才能順暢。

以她本身的八字來看，七殺年月透干逢沖，在年輕的時候，容易交友不慎，惹上是非，尤其是男女感情方面，容易遇人不淑。但中、晚年以後，由於七殺猖狂，一印可化，七殺逢印變夫人，經過歷練之後，反倒能受人尊重敬仰。

壬申日主爲「金神日」金神入火鄉，在判斷方面能果決迅速，但作風稍嫌強勢。八字裡面偏財逢沖，和父親的互動關係較少，親情緣分顯得較薄，又女命帶魁罡，爲人聰明好學，個性剛毅果斷，是個獨立有主見的女性。但由於七殺偏重理想，有時候反倒不能現實考量，自己獨斷能力強，喜歡獨立經營生意事業。整體來看喜金水之運以發榮，忌行土運。

A. 本名格局分析

		1		
天	12木	〉	11	范
人	23火	〉	12	婷
地	27金	〉	15	瑩	外土16
總	38金			

還沒改名字之前，就她原本的格局來看，天格生人格、人格剋地格、人格生外格、地格剋天格、外格生地格、天格剋外格。

個性在家庭方面，姓名當中天格生人格、人格剋地格、人格生外格，小時後父母通常很溺愛，有被寵壞的味道，做什麼事情都不考慮後果，硬要逞強去做，主觀意識強烈，旁邊的人都沒辦法影響，經常被朋友拖著走而吃上虧，結婚後，跟老公爭執的機會多，家庭氣氛不和諧。事業財運方面，人格剋地格、外格生地格、地格剋天格，出外對朋友不錯，很活潑好動，所以頗有人緣，但是做決定的時候太過衝動，很容易掉入陷阱當中，尤其是男女感情方面。跟老闆、主管的溝通上，若跟自己想法相左的話，會敢當面反駁，而且容易堅持己見，造成彼此尷尬的局面，貴人運就減弱不少。健康方面，自己頭部容易受傷，加上個性比較急躁，愛冒險求刺激，出外很容易有意外災害發生，經常有血光之災的現象。

B.更名後格局分析

		1		
	范	11〉	12木	天
	瑜	14〉	25土	人
外火13	琇	12〉	26土	地
			37金	總

在改過名字之後，她的格局變成了天格剋人格、人格生地格、外格生人格、天格剋地格、外格生地格、天格生外格。

個性在家庭方面，天格剋人格、人格生地格、外格生人格，自己不像之前那麼固執己見，跟家人的相處上，口氣會比較溫和，懂得替人家著想，事情在做決定時，人家的建議會聽得進去，懂得適時反省，跟老公的關係也變得親密，可以放下身段跟老公溝通商量。事業財運方面，人格生地格、天格剋地格、外格生地格，在朋友交往上，會比較有所以選擇，也不那麼好面子充排場，懂得自我節制有分寸，錢財比較容易守得住。跟老闆、主管的溝通上，不會在當面反駁意見，口氣也比較婉轉，會先評估情況之後，事後再跟主管討論，表達自己的想法。健康方面，自己的脾氣不像以前那麼暴躁，開快車或喝悶酒的機會就少，意外災害就減少，也懂得找人訴說心裡的話，懂得找人幫忙，就不容易出問題。

C.搭配八字整體比較

就此女姓八字來看，壬水日主應屬身強，剋我者官殺多，自己的負擔會比較重，相對的在感情上會比較有波折，不容易安定下來，但事業上由於有貴人相助，自己又很果決，能擔當重任，會比較理想，但對於婚配上較爲不利。

搭配原本姓名來看，天格生人格、人格剋地格、人格生外格、地格剋天格、外格生地格、天格剋外格，自己的膽量會比較大，而且脾氣會比較強勢，對朋友非常的照顧，但是往往沒有考慮到自身的情況，很容易因爲重義氣而吃虧，感情上也是如此，付出總大於回饋。而且事業心重，照顧家庭的機會就少，出外交際應酬多，錢財相對的也存不住。因此搭配八字來看，不是很理想，會增加衝動的機會，突顯自己的意氣用事，在判斷上比較不明理，而且對家庭的照顧上來看，責任感少了許多，跟配偶的相處也較差。

改過名字之後來搭配，天格剋人格、人格生地格、外格生人格、天格剋地格、外格生地格、天格生外格。自己在脾氣上不會那麼強勢，而且懂得替家裡操心勞累，凡事做決定前會先考慮仔細，不會輕易答應承諾，對朋友的態度會比較被動，到處去交際應酬的機會就少，因爲有時間可以冷靜思考，判斷上會比較周全。這個名字搭配八字來看，會比較適合，能夠減少自己主觀意識，比較能夠替他人著想，付出在家人身上的時間多，跟配偶相處上會比較親密，家庭氣氛比較和諧。

例三：煩惱照三餐、辛苦勞累誰人憐

坤造民國四十三年八月八日卯時

傷官　甲午　偏財　十辛未　五十丁卯

劫財　壬申　正印　二十庚午　六十丙寅

　　　癸亥　劫財　三十己巳　七十乙丑

食神　乙卯　食神　四十戊辰　八十甲子

八字評斷

癸水日主生於初秋，正逢秋高氣爽，金白水清之時，金水旺盛，食傷雙透，個性豪爽大方，不太計較，而且聰明伶俐，對學習技藝有幫助，外在人緣好，交友廣闊，自己也重義氣，能熱心助人。

以她本身的八字來看，八字裡面缺官殺夫星，對於早婚來講會有不利的影響，加上個性驕縱，不太喜歡受人約束管教，反倒喜歡指使別人，掌握支配的權力，年輕時錢財方面不懂得運用，不會理財聚財，感情婚姻方面因食神參雜，造成有多次婚姻的紀錄，晚年運勢較爲辛苦。

八字學云：「金水若相逢，必生美麗容」，但八字中傷官劫財遍佈，代表雖然自主性強，但容易固執，只得僥倖做得來，心情終日抑鬱，爲三餐家計煩惱。書云：「卯木居時爲外桃花又和日支相合，主風塵之命格。」

A.本名格局分析

	1			
	12	曾	13火	天
	9	虹	21木	人
外土15	14	瑄	23火	地
			35土	總

還沒改名字之前，就她原本的格局來看，人格生天格、人格生地格、人格剋外格、天格生地格、地格生外格、天格生外格。

個性在家庭方面，人格生天格、人格生地格、人格剋外格，自己個性非常的熱心，很喜歡幫助人，比較不會斤斤計較，不過管得多，麻煩就多，被嫌的地方也多，因爲一個人沒辦法樣樣兼顧，對長輩其實很孝順，可是表面上就是比較驕縱，好話說不出口，婚前、婚後都對另一半不錯，可是溝通上卻比較有問題，由於自己醋味較重，加上感情方面比較遲鈍，經常導致婚姻狀況不理想。事業財運方面，人格生天格、地格生外格、天格生地格，對朋友方面非常照顧，有問題都會願意幫忙，但自己卻會比較操勞，也不一定能得到回報，跟老闆、主管溝通時，心裡有話就會直講，比較不會看時間或場合，無形中很容易得罪別人而不自知。健康方面，由於天格生地格、人格生地格，下半身毛病比較多，尤其是婦女病方面，年輕時就容易被經痛所苦。

B.更名後格局分析

			1
天	13火	12	曾
人	22木	10	芳
地	21木	11	迎	外木12
總	33火		

在改過名字之後，她的格局變成了人格生天格、地格生人格、外格生人格、地格生天格、地格生外格、外格生天格。

個性在家庭方面，人格生天格、地格生人格、外格生人格，自己的心不會像之前那麼浮動，做事情方面懂得規畫，較不會那麼操心勞累，像無頭蒼蠅一樣。跟長輩父母的在溝通上有很明顯的改善，不會把話悶在心裡不說，比較能夠將心裡的想法表達出來，讓別人懂得自己在想什麼。跟配偶的溝通上，自己比較能夠忍受對方的小瑕疵，要求標準不會太嚴苛，讓配偶能夠接受，彼此分享心事的時間就多。事業財運方面，地格生人格、地格生外格、地格生天格，比較有自己的主見跟想法，懂得分辨他人的心意，比較能夠交到知心的朋友，身旁的小人也會相對的減少，不會付出得越多，損失得越多，跟老闆、主管的關係，會變得比較親密，自己懂得看人家臉色，凡事會比較注意收斂，會知道什麼是重要的事情，而願意花心思去做，貴人也比較多。健康方面，下半身的問題會比較改善，經期比較能夠有規律，疼痛的機會減少，情緒上也明顯不那麼躁鬱。

C.搭配八字整體比較

就此女姓八字來看，癸水日主應屬身強，由於傷官帶劫財，自己的才華不錯，腦筋很聰明靈活，學習能力很好，但是在個性上眼光比較高，會吹毛求疵，而且態度較驕傲，不太容易放下身段跟人家溝通，對於感情來說不是很理想，結婚後容易對老公不滿，溝通上會固執己見，常常造成口角衝突，家庭氣氛不和諧。

搭配原本姓名來看，人格生天格、人格生地格、人格剋外格、天格生地格、地格生外格、天格生外格。自己的脾氣會比較大，而且講話很直接很容易傷人，看起來自己好像很有主見，可是都沒辦法抓住重點，細膩的程度不夠，做事情有越做越糟糕的情況，付出雖然多，但都得不到別人的讚賞。因此搭配八字來看，不是很理想，會增加自己斤斤計較的情況，而且得失心會很重，做事情也比較不會考慮仔細，對配偶也不夠溫柔體貼，溝通上比較有問題。

改過名字之後來搭配，人格生天格、地格生人格、外格生人格、地格生天格、地格生外格、外格生天格。自己懂得看人家臉色，行事上能掌握時機，而且在表達自己的想法上，會比較婉轉直接，不會那樣咄咄逼人。這個名字搭配八字來看，會比較適合，能夠改善自己溝通的情況，會講好聽話，別人願意接受自己的建議，人緣會比較好，心情上也就不那麼沉悶，跟配偶的關係也較親密。

例四：感情路坎坷、離婚入歧途

坤造民國四十三年二月二日酉時

正財	甲午	七殺	一丙寅	四十一壬戌
七殺	丁卯	偏財	十一乙丑	五十一辛酉
	辛酉	比肩	二十一甲子	六十一庚申
七殺	丁酉	比肩	三十一癸亥	七十一己未

八字評斷

辛今日主生於仲春，日主本弱，又逢卯酉相沖爲日主反背，對感情婚姻方面不太理想，加上七殺透干，早年感情交往容易受到挫折，辛金日主喜水淘溶，才能突顯榮貴，但由於本命缺水，又是天剋地沖，所以運勢不佳，顯得非常辛苦。

早年結婚，丈夫年長自己十幾歲，婚後夫妻常爭吵不休，感情不和睦，自己不安於室，屢次離家和情人同居，又和情人生下一子才離婚。38歲以後爲了生活，不得已而走險途，做色情按摩工作三年多，後來又找一位男人同居，收取生活費。就她的八字來看，本命爲財滋殺格，偏財之逢沖，做事情喜歡投機取巧，心裡很想趕快發財致富，所以早年沉迷於賭博，好賭成性欠債累累，而負債的壓力讓自己身心俱疲。

A.本名格局分析

	1		
彭	12 〉	13火	天
春	9 〉	21木	人
如	6 〉	15土	地
外金7		26金	總

還沒改名字之前，就她原本的格局來看，人格生天格、人格剋地格、外格剋人格、天格生地格、地格生外格、天格剋外格。

個性在家庭方面，人格生天格、人格剋地格、外格剋人格，自己的個性會比較強勢，但是在判斷能力上會比較薄弱，因此交朋友若不謹慎，很容易誤入歧途，任憑家人的苦口婆心，也很難改變她的決定，還反倒會要求家人妥協接受，容易發生爭執。婚後跟配偶關係不是很理想，除了彼此看法的不同之外，自己的掌控慾望也比較明顯，老公很容易受不了。事業財運方面，人格剋地格、外格剋人格、地格生外格，自己很喜歡往外跑，由於判斷能力較差，很容易被迷惑，交到壞朋友機會很多，很容易被拖累而悔不當初。跟老闆、主管的關係，會比較自我主張，不喜歡被約束，往往做得心不甘情不願，所以就會想用投機的方式，常常出現紕漏。健康方面，天格生地格、人格剋地格，動腦筋的時間非常多，心思常常定不下來，憂慮操心自然就多，長期下來精神狀態不佳，容易有憂鬱症的傾向。

B.更名後格局分析

		1		
	彭	12〉	13火	天
	芝	10〉	22木	人
外水9	佳	8〉	18金	地
			30水	總

在改過名字之後，她的格局變成了人格生天格、地格剋人格、外格生人格、天格剋地格、地格生外格、外格剋天格。

個性在家庭方面，人格生天格、地格剋人格、外格生人格，自己做事情會比較小心，而且不會急著馬上去做，會先請教別人的意見，脾氣也不那麼急躁，在溝通上口氣會比較緩和，人緣也增加不少，父母或配偶的影響力也增加不少。事業財運方面，地格剋人格、地格生外格、天格剋地格，跟朋友交往上，態度會比較保守一點，應對進退的能力也增加，尤其是男女感情的事情，會尊重長輩父母的意見，不會再固執己見，跟老闆、長官的溝通，講話不會那麼直接，做事情也不會那麼衝動，會比較穩健踏實，而且能有自己的想法，懂得判斷情勢。健康方面，變成天格剋地格、地格剋人格，在心思方面會比較容易安定下來，比較不會想要出去東奔西走，對於各方面的考慮比較能夠深入，膽量也沒以前那麼大，做決定會比較謹慎，出事的機會就少。

C.搭配八字整體比較

就此女姓八字來看，辛金日主應屬身弱，由於地支卯酉相衝，加上天沖地剋，自己凡事會比較辛勞，貴人運也不旺，又七殺表示爲人衝動，做事情不詳加考慮，判斷上比較不周全，很容易因爲衝動而鑄下大錯，個性也比較固執，旁邊的人也沒辦法影響，婚後跟老公的關係不太好，容易被朋友拖累，但老公沒辦法幫忙，反而有被嫌棄的情況發生，造成家庭氣氛不和諧。

搭配原本姓名的格局來看，這個名字，在家裡的時候，由於懂得看人臉色，對父母長輩很巴結，所以有受到寵愛的情況，加上對自己很有信心，凡事喜歡衝得快，想法上就不會考慮那麼多，在外面交友的情況，自己對於朋友很信賴，較沒主見，不太能明辨是非，因此被慫恿影響的機會就多，家人的建議又沒有辦法聽進去，或者有人來約束，一旦出了事，自己又會怪別人，不懂得自我反省，會有每況愈下的情形。這會突顯出本身八字中判斷力弱，又無貴人扶助的缺點，而且增加自己衝動的情況，所以原本的名字跟八字搭配上不太理想。改過名字之後，自己對家人的建議會聽得進去，私下也會懂得適時反省，做任何事情前會先考慮現實的情況，懂得替自己跟家人著想。對朋友的意見不會完全採信，會有自己的判斷，意氣用事的機會就減少，而且處理事情會比較細膩，不會像之前大而化之，無所謂的樣子。這個名字能夠增加自己的判斷能力，而且個性上比較不會急躁，身邊的貴人也比較多，能降低衝動的機會。這個名字由於能彌補原本八字中的缺點，所以在搭配上會比之前名字要來得理想。

例五：拿財送人去、投資一場夢

坤造民國三十五年十一月五日寅時

比肩	丙戌	食神	七戊戌	四十七甲午
傷官	己亥	七殺	十七丁酉	五十七癸巳
	丙午	劫財	二十七丙申	六十七壬辰
偏財	庚寅	偏印	三十七乙未	七十七辛卯

八字評斷

丙火日主生於亥月，初冬冷冽之時，喜火來暖深得用，日主丙午坐刃得力，夫星有助，寅五戌三合火，用神得力，爲富貴雙全的命格。

就她的八字來看，傷官有透，丙刃在午，日刃之格不利夫星，結婚對象最好是比自己年長，在相處上會比較和諧，偏財透干爲「傷官生財格」，自己的事業心重，很喜歡力求表現。寅午戌三合劫財有力幫身，但食傷參雜，表示在男女情愛方面關係複雜，不太能明眼識人，很容易爲情所困。

本命七殺得令未透，比較適合做他人的幕僚，工作上爲人作嫁，可勝任經理、主任人才，但若自己創業或合夥的話，恐怕會血本無歸。目前服務於公家機關，工作平穩而無憂，但投資方面，如股票、房地產等等，則血本無歸，財散不聚。整體來看喜行木火之運以發達，忌行金水之運前程受阻。

A.本名格局分析

天	13火	〉	1	
			12	黃
人	23火	〉		
			11	偲
地	19水	〉		
			8	岱	外水9
總	31木			

還沒改名字之前，就她原本的格局來看，天格生人格、地格剋人格、外格剋人格、地格剋天格、外格生地格、外格剋天格。

個性在家庭方面，天格生人格、地格剋人格、外格剋人格，自己的抗壓性很強，看起來很活潑開朗很健談，其實很多心酸都往心裡面藏，不太表現出來給人知道，跟配偶的溝通上比較直接，很少講好聽話，有時候會產生爭執，跟子女的關係也不好，有溺愛子女的傾向。事業財運方面，不太會選擇朋友，朋友說什麼就答應，也不懂得拒絕，很容易被拖累，尤其感情方面，容易遇人不淑而受騙。自己的能力不錯，凡事都會願意學習，有完美主義的心態，讓老闆、主管很放心，但若要獨當一面的話，人際關係很容易產生阻礙，自己又少貴人幫忙，恐怕沒辦法擔當重任。健康方面由於地格剋天格、外格剋人格，自己由於常常憂心勞累，心思比較容易緊張，有腦神經衰弱的現象，腸胃方面比較弱，也有頭痛方面的毛病，晚上睡覺也容易作夢睡不好。

B.更名後格局分析

		1		
天	13火	12	黃	
人	24火	12	晶	
地	27金	15	萱	外土16
總	39水			

在改過名字之後，她的格局變成了天格生人格、人格剋地格、人格生外格、天格剋地格、外格生地格、天格生外格。

個性在家庭方面，天格生人格、人格剋地格、人格生外格，自己在想法上比較不那麼悲觀，會比較開朗一點，做起事情來會比較心甘情願，不會有所怨言，跟配偶的關係上，懂得表達心裡面的想法，應對進退上會懂得老公的心思，掌握度會比較強，子女也變得比較好管教。事業財運方面，人格剋地格、天格剋地格，對朋友比較不那麼斤斤計較，也不用害怕朋友來找麻煩，因爲自己的主見變強了，懂得開口拒絕別人，吃虧受騙的機會就少。跟長官、主管的溝通上，自己比較不那麼堅持己見，會懂得什麼時機說什麼話，而且規畫上會比較踏實，不太會想要投機，貴人也比以前多。健康方面，變成天格剋地格，人格剋地格，自己精神會比較集中，做起事情會比以前細心，意外的機會減少，而且由於想法比較開朗，會願意花時間出去遊玩，休閒生活的情趣增加，憂鬱的機會就少。

C.搭配八字整體比較

就此女姓八字來看，丙火日主應屬身強，由於地支寅午戌三合火，用神得助，加上傷官有透干，自己個性上會比較強勢，很有自己的主見，但卻做得非常辛苦，因爲助力多，也表示自己不得不做，操心勞累的機會就多，而且容易跟人家的意見不合，有時候會起爭執，自己又不願意放下身段，若判斷錯誤的話，也因爲好面子不太願意求人，常常因此招致失敗的結果。還沒改名字之前，就她原本的格局來看，由於名字的人格被地格、外格所剋，自己承受的壓力會比較大，而且往往會把情緒藏在心裡，不太願意求人幫忙，在講話方面也比較直接，因此溝通上常常跟人家起衝突，表面上看似容易妥協，但內心卻不一定這樣想，別人的建議不一定聽進去，但是自己的意見卻希望別人能遵從，但往往事與願違，尤其是在男女感情或是子女教養方面更是如此。本身八字若搭配這個名字的話，自己會比較操心憂慮，而且不容易抒發心情，旁邊的小人也多，被拖累機會也多，自己很容易有無奈感，所以不太理想。

在改過名字之後，自己的主見能夠發揮，膽量也比之前大，懂得看情況來拒絕朋友的請託，在交友上判斷力變強，會知道誰是貴人、誰是小人，再者本身的說服力變強，在溝通上比較能影響配偶跟家人，就不用那麼操心勞累、苦口婆心的付出，休息的機會多，健康情況就會轉好，精神也比較開朗。八字搭配這個名字來看，能增強自己的主見與說服力，在判斷上不容易被別人牽著走，自己也不用做得那麼累，會讓自己有時間照顧家裡，因此會比先前的名字來得理想。

例六：固執不聽勸、吃虧在眼前

坤造民國五十二年一月二日寅時

正財	壬寅	正官	七壬子	四十七戊申
偏財	癸丑	比肩	十七辛亥	五十七丁未
	己巳	正印	二十七庚戌	六十七丙午
正印	丙寅	正官	三十七己酉	七十七乙巳

八字評斷

己土日主於季冬，土寒萬物收藏之季，喜木火以暖身，萬物得以滋生，欣欣向榮之象，本命木火通明，日主得力，乃為富貴雙全之格。

就她的八字來看，本身八字缺食傷，不懂得委婉表達，講話較直接，行事方面固執己見，雖然很有原則，但聽不進旁人的建言，感情方面遇不到理想對象。己巳日主為「金神日」入命，喜逢火鄉，丙火透天干有力，乃是「金神入火鄉，有公斷明敏之才能」。

官星得用，印星有透，爲「官印相生格」，自己精明能幹，作風強勢，事業心很重。比肩當令奪財，外在受人尊重，能得群衆擁護愛戴，自己爲人勤快好動，現爲某公司經理。官星爲用神，適宜合夥創一番事業，但印星過旺，不適合太早婚。最忌行金水運，必有災厄，如壬申、癸酉兩年，皆爲金水旺盛之年。

A.本名格局分析

		1	
天	14火	13〉	詹
人	27金	14〉	翠
地	25土	11〉	寅	外木12
總	38金		

還沒改名字之前，就她原本的格局來看，天格剋人格、地格生人格、人格剋外格、天格生地格、外格剋地格、外格生天格。

個性在家庭方面，天格剋人格、地格生人格、人格剋外格，自己很精明能幹，非常有主見，但是脾氣方面太過倔強，不太能夠跟人家溝通，而且往往要別人聽從自己的意見，婚後配偶會滿關心照顧自己，但由於自己不喜歡依賴別人，凡事還是自己親自動手，所以會顯得非常勞碌。事業財運方面，對朋友的掌握度很強，人際關係很好，但是別人的建議卻聽不太進去，只認為自己是對的，要影響自己沒那麼容易。跟長官、主管的關係來看，自己的辦事能力很強，能獨立處理許多複雜棘手的問題，但是相對的不太能夠與團隊合作，有英雄主義的現象，往往容易招忌。健康方面，自己凡事喜歡衝得快，又不愛請教別人的意見，考慮的情況就不那麼多，有時候容易發生意外，或是有不可收拾的局面。

B. 更名後格局分析

		1		
	詹	13〉	14火	天
	宛	8〉	21木	人
外水10	芊	9〉	17金	地
			30水	總

在改過名字之後，她的格局變成了人格生天格、地格剋人格、外格生人格、天格剋地格、地格生外格、外格剋天格。

個性在家庭方面，人格生天格、地格剋人格、外格生人格，自己能主動關心慰問長輩，口氣上也不至於那麼直接，自己態度上會比較收斂，不會隨便發脾氣鬧情緒，跟配偶的關係有明顯的改善，懂得尊重配偶的決定，能夠採納進去，不會動不動生氣起來，就不理睬老公，做自己想做的事。事業財運方面，對朋友的態度不像以前那樣海派，比較能夠判斷情勢，不會想要強出頭幫朋友，自己就不會那麼累，做任何決定之前，也比較能顧慮到家人的感受。跟主管、老闆的相處上，自己懂得看人臉色，有話想說比較會委婉表達，在建議上知道什麼是重點，不會想到什麼就直接說什麼，對主管的交代，也比較心甘情願去執行。健康方面，凡事比以前考慮得多，膽量不會那麼大，不會再隨便衝動行事，能替自己跟別人著想，意外受傷的機會就少許多。

C.搭配八字整體比較

就此女姓八字來看，己土日主應屬身強，由於得時令之助，地支又多助力，自己能得到許多貴人的幫忙，個性上也比較強勢，但是八字缺食傷，爲人溝通上比較差，講話不懂得委婉，很容易出口傷人，加上本身很固執己見，做什麼事情都不先考慮旁人的意見，率性而爲的結果，在事業上固然不錯，但是本身在家庭或婚姻的關係上，就相對的比較差，而且八字印強表示不懂變通，容易鑽牛角尖。

八字搭配原本的姓名來看，自己個性會比較強勢，跟長輩的關係不是很親密，自己也不愛跟長輩溝通，在外的人緣好，尤其是異性緣會比較好，自己對朋友會比較能掌握，但是事業心過重，在婚姻上就比較不理想，自己照顧家庭的時間就少，加上本身個性強勢不容易妥協，溝通上恐怕會有問題。若搭配這個名字，會使八字裡面的「官印」顯得更強，自己心態會更強勢，更不會服輸，旁人的建議也聽不進去，在家庭的關係上，恐怕會變得更糟糕。

改過名字以後來看，自己個性上比較能自我節制，懂得看時間場合來說話，也比較能體諒他人，為他人著想，照顧家裡的時間較多，配偶的影響力變大，可以在一旁給予建議，自己能有參考的依據，做事情會更加穩重。這個名字搭配八字來看，能比較節制自己的脾氣，跟長輩溝通上也較好，主見不會那麼強勢，人際關係會比較圓融，尤其是整個家庭的關係上會比較和諧，比先前的名字要理想許多。

附錄一

打破熊崎式凶數之說

附錄一、打破熊崎式凶數之說

多少劃是凶？多少劃爲吉？

坊間之姓名學，大都論及相剋爲凶，相生爲吉，使得多數人見自己的姓名筆劃爲凶數或三才的姓名格局爲凶，下一秒即變得心神不寧，無法做事；而見到姓名爲吉數，才又高興萬分，欣喜若狂，忘了努力。

其實，姓名學不應只論筆劃和三才運勢之吉凶，如果只以三才之吉凶、相生、相剋來論斷的話，實在太斷章取義了，因爲三才尚需配合外格、總格及天運來生剋，或以五行的生剋所產生的各種狀況來論斷才是。

三才只有天格、人格、地格，如果以此三格是否相剋而否定姓名相生之可能性，未免太過武斷。其實，在三才之外，還有外格和總格，三才和外格及總格之間相互牽引的關係，不可不注意，而從五格的相生相剋關係來論命盤，才能綜斷其成敗休咎。

附錄二

直斷式姓名學之吉格劃數配合

二劃之姓

劃數				
姓氏	丁力刀刁匕卜乃			
姓名之吉格劃數配合	6 [1 2 6 5] 3 8 11 / 13	6 [1 2 16 5] 3 8 21 / 23	9 [1 2 10 8] 3 12 18 / 20	18 [1 2 10 17] 3 12 27 / 29
	16 [1 2 6 15] 3 8 21 / 23	16 [1 2 16 15] 3 18 31 / 33	8 [1 2 10 7] 3 12 17 / 19	19 [1 2 10 18] 3 12 28 / 30
	17 [1 2 6 16] 3 8 22 / 24	17 [1 2 16 16] 3 18 32 / 34	9 [1 2 20 8] 3 22 28 / 30	18 [1 2 20 17] 3 22 37 / 39
	13 [1 2 14 12] 3 6 26 / 28	14 [1 2 14 13] 3 16 27 / 29	8 [1 2 20 7] 3 22 27 / 29	19 [1 2 20 18] 3 22 38 / 40

※取名要訣①凶數不是凶、吉數難言為吉、吉數中有生無化為大凶、吉數中有生恐不富也無貴、吉數中過多恐藏凶、凶數中有制為不貴則富、凶數中有生有制不富也來貴。

（要再配合八字喜忌）

劃數	三劃之姓			
姓氏	于干弓子万　土川女上山　大丈勺千士			
姓名之吉格劃數配合	7 [1, 3, 5, 6] 4, 8, 11 — 14	17 [1, 3, 25, 16] 4, 28, 41 — 44	22 [1, 3, 20, 21] 4, 23, 41 — 44	10 [1, 3, 18, 9] 4, 21, 27 — 30
	7 [1, 3, 15, 6] 4, 18, 21 — 24	12 [1, 3, 10, 11] 4, 13, 21 — 24	14 [1, 3, 12, 13] 4, 15, 25 — 28	20 [1, 3, 18, 19] 4, 21, 37 — 40
	17 [1, 3, 15, 16] 4, 18, 31 — 34	12 [1, 3, 20, 11] 4, 23, 31 — 34	14 [1, 3, 22, 13] 4, 25, 35 — 38	13 [1, 3, 10, 12] 4, 13, 22 — 25
	7 [1, 3, 25, 6] 4, 28, 31 — 34	22 [1, 3, 10, 21] 4, 13, 31 — 34	24 [1, 3, 22, 23] 4, 25, 45 — 48	13 [1, 3, 20, 12] 4, 23, 32 — 35

※取名要訣②五行變化之關係，都喜用相生來構成，其實經筆者研究結論，相生多不是喜，多剋不是剋，有生無剋才不利，被生多無化才大凶，有剋無生凶中一定藏吉，要應用全局演化，否則只有徒增困擾或不吉。（要再配合八字喜忌）

劃數	四劃之姓			
姓氏	孔戈毛方卞 巴勾任牛水 犬尤文尹元 支公仇			
姓名之吉格劃數配合	15 [1, 4, 12, 14] 5, 16, 26 30	13 [1, 4, 10, 12] 5, 14, 22 26	8 [1, 4, 6, 7] 5, 10, 13 17	20 [1, 4, 20, 19] 5, 24, 39 43
	15 [1, 4, 13, 14] 5, 17, 27 31	14 [1, 4, 10, 13] 5, 14, 23 27	8 [1, 4, 16, 7] 5, 20, 23 27	20 [1, 4, 10, 19] 5, 14, 29 33
	6 [1, 4, 13, 5] 5, 17, 18 22	13 [1, 4, 20, 12] 5, 24, 32 36	18 [1, 4, 16, 17] 5, 20, 33 37	15 [1, 4, 22, 14] 5, 26, 36 40
	16 [1, 4, 13, 15] 5, 17, 28 32	14 [1, 4, 20, 13] 5, 24, 33 37	18 [1, 4, 6, 17] 5, 10, 23 27	16 [1, 4, 23, 15] 5, 27, 38 42

※取名要訣①凶數不是凶、吉數難言爲吉、吉數中有生無化爲大凶、吉數中有生恐不富也無貴、吉數中過多恐藏凶、凶數中有制爲不貴則富、凶數中有生有制不富也來貴。

（要再配合八字喜忌）

劃數	五劃之姓
姓氏	王丘包冉古　卡石井平左　皮甘田申台　史司白由永

姓名之吉格劃數配合

外格	字劃	天格／人格／地格	總格
7	1, 5, 12, 6	6, 17, 18	23
5	1, 5, 20, 4	6, 25, 24	29
4	1, 5, 10, 3	6, 15, 13	18
9	1, 5, 5, 8	6, 10, 13	18
7	1, 5, 22, 6	6, 27, 28	33
5	1, 5, 10, 4	6, 15, 14	19
14	1, 5, 10, 13	6, 15, 23	28
9	1, 5, 15, 8	6, 20, 23	28
17	1, 5, 12, 16	6, 17, 28	33
15	1, 5, 20, 14	6, 25, 34	39
14	1, 5, 20, 13	6, 25, 33	38
19	1, 5, 15, 18	6, 20, 33	38
17	1, 5, 22, 16	6, 27, 38	43
15	1, 5, 10, 14	6, 15, 24	29
4	1, 5, 20, 3	6, 25, 23	28
13	1, 5, 18, 12	6, 23, 30	35

※取名要訣②五行變化之關係，都喜用相生來構成，其實經筆者研究結論，相生多不是喜，多剋不是剋，有生無剋才不利，被生多無化才大凶，有剋無生凶中一定藏吉，要應用全局演化，否則只有徒增困擾或不吉。（要再配合八字喜忌）

劃數：六劃之姓

姓氏： 匡朱朴年米　羊安曲西臣　任伍吉牟衣　多

姓名之吉格劃數配合

9 [1, 6, 4, 8] 7, 10, 12 — 18	17 [1, 6, 12, 16] 7, 18, 28 — 34	10 [1, 6, 6, 9] 7, 12, 15 — 21	11 [1, 6, 16, 10] 7, 22, 26 — 32
19 [1, 6, 14, 18] 7, 20, 32 — 38	27 [1, 6, 12, 26] 7, 18, 38 — 44	10 [1, 6, 16, 9] 7, 22, 25 — 31	21 [1, 6, 16, 20] 7, 22, 36 — 42
13 [1, 6, 10, 12] 7, 16, 22 — 28	18 [1, 6, 13, 17] 7, 19, 30 — 36	20 [1, 6, 6, 19] 7, 12, 25 — 31	11 [1, 6, 6, 10] 7, 12, 16 — 22
13 [1, 6, 20, 12] 7, 26, 32 — 38	19 [1, 6, 14, 18] 7, 20, 32 — 38	20 [1, 6, 16, 19] 7, 22, 35 — 41	21 [1, 6, 6, 20] 7, 12, 26 — 32

※取名要訣①凶數不是凶、吉數難言爲吉、吉數中有生無化爲大凶、吉數中有生恐不富也無貴、吉數中過多恐藏凶、凶數中有制爲不貴則富、凶數中有生有制不富也來貴。

（要再配合八字喜忌）

七劃之姓

劃數	七劃之姓
姓氏	冷利余邵何 岑巫成宋完 孚呂吳谷李 江池杜束車 兵貝辛

姓名之吉格劃數配合

外格	筆劃	天格・人格・地格	總格
11	1・7・5・10	8・12・15	22
21	1・7・15・20	8・22・35	42
24	1・7・8・23	8・15・31	38
6	1・7・20・5	8・27・25	32
11	1・7・15・10	8・22・25	32
15	1・7・8・14	8・15・22	29
19	1・7・12・18	8・19・30	37
7	1・7・20・6	8・27・26	33
21	1・7・5・20	8・12・25	32
14	1・7・8・13	8・15・21	28
9	1・7・12・8	8・19・20	27
9	1・7・14・8	8・21・22	29
9	1・7・4・8	8・11・12	19
15	1・7・18・14	8・25・32	39
19	1・7・22・18	8・29・40	47
19	1・7・14・18	8・21・32	39

※取名要訣②五行變化之關係，都喜用相生來構成，其實經筆者研究結論，相生多不是喜，多剋不是剋，有生無剋才不利，被生多無化才大凶，有剋無生凶中一定藏吉，要應用全局演化，否則只有徒增困擾或不吉。（要再配合八字喜忌）

劃數	八劃之姓
姓氏	周沙明於東 易岳武果屈 季官金房林 汪沈艾狄卓 來宗孟尚

姓名之吉格劃數配合

外格	字劃	天格／人格／地格	總格
13	1, 8, 6, 12	9, 14, 18	26
8	1, 8, 20, 7	9, 28, 27	35
22	1, 8, 6, 21	9, 14, 27	35
14	1, 8, 20, 13	9, 28, 33	41
13	1, 8, 16, 12	9, 24, 28	36
18	1, 8, 20, 17	9, 28, 37	45
22	1, 8, 16, 21	9, 24, 37	45
8	1, 8, 10, 7	9, 18, 17	25
23	1, 8, 6, 22	9, 14, 28	36
12	1, 8, 6, 11	9, 14, 17	25
19	1, 8, 12, 18	9, 20, 30	38
18	1, 8, 10, 17	9, 18, 27	35
23	1, 8, 16, 22	9, 24, 38	46
12	1, 8, 16, 11	9, 24, 27	35
19	1, 8, 22, 18	9, 30, 40	48
18	1, 8, 20, 17	9, 28, 37	45

※取名要訣①凶數不是凶、吉數難言爲吉、吉數中有生無化爲大凶、吉數中有生恐不富也無貴、吉數中過多恐藏凶、凶數中有制爲不貴則富、凶數中有生有制不富也來貴。

（要再配合八字喜忌）

劃數	姓氏	姓名之吉格劃數配合
九劃之姓	南哈秦姚姜 保俞侯柯柳 柴段宣封帥 韋紀查施禹 計風	

外格	天格	人格	地格	總格
3	1 / 9	10 / 14	5 / 2	7 / 16
23	1 / 9	10 / 24	15 / 22	37 / 46
7	1 / 9	10 / 27	18 / 6	24 / 33
11	1 / 9	10 / 23	14 / 10	24 / 33
13	1 / 9	10 / 14	5 / 12	17 / 26
11	1 / 9	10 / 31	22 / 10	32 / 41
21	1 / 9	10 / 21	12 / 20	32 / 41
21	1 / 9	10 / 23	14 / 20	34 / 43
23	1 / 9	10 / 14	5 / 22	27 / 36
19	1 / 9	10 / 29	20 / 18	38 / 47
21	1 / 9	10 / 31	22 / 20	42 / 51
17	1 / 9	10 / 25	18 / 16	34 / 43
13	1 / 9	10 / 24	15 / 12	27 / 36
6	1 / 9	10 / 27	18 / 5	23 / 32
11	1 / 9	10 / 13	4 / 10	14 / 23
27	1 / 9	10 / 27	18 / 26	44 / 53

※取名要訣②五行變化之關係，都喜用相生來構成，其實經筆者研究結論，相生多不是喜，多剋不是剋，有生無剋才不利，被生多無化才大凶，有剋無生凶中一定藏吉，要應用全局演化，否則只有徒增困擾或不吉。（要再配合八字喜忌）

數劃	十劃之姓			
姓氏	唐孫容師留　晏晁時栗徐　恭烏皋花祖　秦袁高洪倪　席凌夏宮殷　晉奚馬祝翁　耿涂			
姓名之吉格劃數配合	15 [1 10 12 14] 11 22 26 — 36	14 [1 10 6 13] 11 16 19 — 29	25 [1 10 16 24] 11 26 40 — 50	23 [1 10 14 22] 11 24 36 — 46
	5 [1 10 12 4] 11 22 16 — 26	14 [1 10 16 13] 11 26 29 — 39	15 [1 10 6 14] 11 16 20 — 30	13 [1 10 24 12] 11 34 36 — 46
	15 [1 10 22 14] 11 32 36 — 46	24 [1 10 16 23] 11 26 39 — 49	25 [1 10 6 24] 11 16 30 — 40	13 [1 10 4 12] 11 14 16 — 26
	25 [1 10 22 24] 11 32 46 — 56	15 [1 10 16 14] 11 26 30 — 40	13 [1 10 14 12] 11 24 26 — 36	23 [1 10 24 22] 11 34 46 — 56

※取名要訣①凶數不是凶、吉數難言爲吉、吉數中有生無化爲大凶、吉數中有生恐不富也無貴、吉數中過多恐藏凶、凶數中有制爲不貴則富、凶數中有生有制不富也來貴。

（要再配合八字喜忌）

劃數	十一畫之姓			
姓氏	乾參區啇國 畢崔常梅戚 康張邢那苗 范符胡麥鹿 曹英許梁章 婁海粘尉			
姓名之吉格劃數配合	13 [1, 11, 14, 12] 12, 25, 26 37	5 [1, 11, 5, 4] 12, 16, 9 20	25 [1, 11, 15, 24] 12, 26, 39 50	9 [1, 11, 8, 8] 12, 19, 16 27
	23 [1, 11, 14, 22] 12, 25, 36 47	15 [1, 11, 15, 14] 12, 26, 29 40	11 [1, 11, 20, 10] 12, 21, 30 41	9 [1, 11, 18, 8] 12, 29, 26 37
	13 [1, 11, 24, 12] 12, 35, 36 47	5 [1, 11, 15, 4] 12, 26, 19 30	11 [1, 11, 10, 10] 12, 21, 20 31	19 [1, 11, 18, 18] 12, 29, 36 47
	23 [1, 11, 24, 22] 12, 35, 46 57	15 [1, 11, 5, 14] 12, 16, 19 30	21 [1, 11, 20, 20] 12, 31, 40 51	10 [1, 11, 10, 9] 12, 21, 19 30

※取名要訣②五行變化之關係，都喜用相生來構成，其實經筆者研究結論，相生多不是喜，多剋不是剋，有生無剋才不利，被生多無化才大凶，有剋無生凶中一定藏吉，要應用全局演化，否則只有徒增困擾或不吉。（要再配合八字喜忌）

劃數	十二劃之姓
姓氏	堯彭屠欽曾 斐買費荊虞 覃盛童粟辜 邱邵阮馮黃 黑雲項焦傅 程賀郤祁單 喬甯舒

姓名之吉格劃數配合

15 [1, 12, 14, 14] 13, 26, 28 總 40	6 [1, 12, 23, 5] 13, 35, 28 總 40	16 [1, 12, 6, 15] 13, 18, 21 總 33	17 [1, 12, 6, 16] 13, 18, 22 總 34
5 [1, 12, 14, 4] 13, 26, 18 總 30	15 [1, 12, 23, 14] 13, 35, 37 總 49	6 [1, 12, 16, 5] 13, 28, 21 總 33	18 [1, 12, 10, 17] 13, 22, 27 總 39
6 [1, 12, 13, 5] 13, 25, 18 總 30	6 [1, 12, 6, 5] 13, 18, 11 總 23	17 [1, 12, 16, 16] 13, 28, 32 總 44	18 [1, 12, 20, 17] 13, 32, 37 總 49
16 [1, 12, 13, 15] 13, 25, 28 總 40	16 [1, 12, 16, 15] 13, 28, 31 總 43	7 [1, 12, 16, 6] 13, 28, 22 總 34	22 [1, 12, 10, 21] 13, 22, 31 總 43

※取名要訣①凶數不是凶、吉數難言爲吉、吉數中有生無化爲大凶、吉數中有生恐不富也無貴、吉數中過多恐藏凶、凶數中有制爲不貴則富、凶數中有生有制不富也來貴。

（要再配合八字喜忌）

數劃	十三劃之姓			
姓氏	塗楊楚游雷 靳農莊莫詹 解虞賈裘路 湯郁			
姓名之吉格劃數配合	7 [1 / 13 / 5 / 6] 14 / 18 / 11 24	15 [1 / 13 / 12 / 14] 14 / 25 / 26 39	25 [1 / 13 / 12 / 24] 14 / 25 / 36 49	11 [1 / 13 / 18 / 10] 14 / 31 / 28 41
	7 [1 / 13 / 15 / 6] 14 / 28 / 21 34	15 [1 / 13 / 22 / 14] 14 / 35 / 36 49	20 [1 / 13 / 18 / 19] 14 / 31 / 37 50	21 [1 / 13 / 18 / 20] 14 / 31 / 38 51
	17 [1 / 13 / 15 / 16] 14 / 28 / 31 44	5 [1 / 13 / 12 / 4] 14 / 25 / 16 29	12 [1 / 13 / 10 / 11] 14 / 23 / 21 34	12 [1 / 13 / 20 / 11] 14 / 33 / 31 44
	17 [1 / 13 / 25 / 16] 14 / 38 / 41 54	5 [1 / 13 / 22 / 4] 14 / 35 / 26 39	13 [1 / 13 / 10 / 12] 14 / 23 / 22 35	13 [1 / 13 / 20 / 12] 14 / 33 / 32 45

※取名要訣②五行變化之關係，都喜用相生來構成，其實經筆者研究結論，相生多不是喜，多剋不是剋，有生無剋才不利，被生多無化才大凶，有剋無生凶中一定藏吉，要應用全局演化，否則只有徒增困擾或不吉。（要再配合八字喜忌）

劃數	十四劃之姓
姓氏	廖熊甄臺華　裴趙連郎溫　郝齊翟滕郜　榮管端聞銀　寧壽賓

姓名之吉格劃數配合

外格	筆劃	格數	總格
9	1, 14, 6, 8	15, 20, 14	28
8	1, 14, 16, 7	15, 30, 23	37
16	1, 14, 22, 15	15, 36, 37	51
10	1, 14, 20, 9	15, 34, 29	43
9	1, 14, 16, 8	15, 30, 24	38
18	1, 14, 16, 17	15, 30, 33	47
6	1, 14, 12, 5	15, 26, 17	31
20	1, 14, 20, 19	15, 34, 39	53
19	1, 14, 16, 18	15, 30, 34	48
18	1, 14, 6, 17	15, 20, 23	37
6	1, 14, 22, 5	15, 36, 27	41
14	1, 14, 20, 13	15, 34, 33	47
8	1, 14, 6, 7	15, 20, 13	27
16	1, 14, 12, 15	15, 26, 27	41
26	1, 14, 22, 25	15, 36, 47	61
24	1, 14, 20, 23	15, 34, 43	57

※取名要訣①凶數不是凶、吉數難言爲吉、吉數中有生無化爲大凶、吉數中有生恐不富也無貴、吉數中過多恐藏凶、凶數中有制爲不貴則富、凶數中有生有制不富也來貴。

（要再配合八字喜忌）

劃數	十五劃之姓			
姓氏	墨樂童郭黎 劉葉歐萬葛 魯樊樓厲談 鞏練標			
姓名之吉格劃數配合	17 [1 15 12 16] 16 27 28 / 43	15 [1 15 10 14] 16 25 24 / 39	24 [1 15 20 23] 16 35 43 / 58	23 [1 15 18 22] 16 33 40 / 55
	7 [1 15 12 6] 16 27 18 / 33	15 [1 15 20 14] 16 35 34 / 49	4 [1 15 20 3] 16 35 23 / 38	9 [1 15 15 8] 16 30 23 / 38
	7 [1 15 22 6] 16 37 28 / 43	5 [1 15 20 4] 16 35 24 / 39	4 [1 15 10 3] 16 25 13 / 28	19 [1 15 15 18] 16 30 33 / 48
	17 [1 15 22 16] 16 37 38 / 53	14 [1 15 10 13] 16 25 23 / 38	13 [1 15 18 12] 16 33 30 / 45	19 [1 15 5 18] 16 20 23 / 38

※取名要訣②五行變化之關係，都喜用相生來構成，其實經筆者研究結論，相生多不是喜，多剋不是剋，有生無剋才不利，被生多無化才大凶，有剋無生凶中一定藏吉，要應用全局演化，否則只有徒增困擾或不吉。（要再配合八字喜忌）

劃數	十六劃之姓			
姓氏	衛陳陸霍賴 龍陶潘盧錢 駱穆鄂闔鮑			
姓名之吉格劃數配合	8 [1, 16, 13, 7] [17, 29, 20] 36	9 [1, 16, 14, 8] [17, 30, 22] 38	10 [1, 16, 16, 9] [17, 32, 25] 41	21 [1, 16, 6, 20] [17, 22, 26] 42
	8 [1, 16, 23, 7] [17, 39, 30] 46	19 [1, 16, 14, 18] [17, 30, 32] 48	20 [1, 16, 16, 19] [17, 32, 35] 51	11 [1, 16, 6, 10] [17, 22, 16] 32
	18 [1, 16, 13, 17] [17, 29, 30] 46	19 [1, 16, 4, 18] [17, 20, 22] 38	11 [1, 16, 16, 10] [17, 32, 26] 42	16 [1, 16, 20, 15] [17, 36, 35] 51
	9 [1, 16, 24, 8] [17, 40, 32] 48	10 [1, 16, 6, 9] [17, 22, 15] 31	21 [1, 16, 16, 20] [17, 32, 36] 52	13 [1, 16, 20, 12] [17, 36, 32] 48

※取名要訣①凶數不是凶、吉數難言爲吉、吉數中有生無化爲大凶、吉數中有生恐不富也無貴、吉數中過多恐藏凶、凶數中有制爲不貴則富、凶數中有生有制不富也來貴。

（要再配合八字喜忌）

劃數	十七劃之姓			
姓氏	蔡蔣韓鄒鄔 謝鍾應繆陽 隋勵翼			
姓名之吉格劃數配合	15 [1 17 18 14] 18 35 32 49	19 [1 17 22 18] 18 39 40 57	21 [1 17 5 20] 18 22 25 42	11 [1 17 21 10] 18 38 31 48
	15 [1 17 8 14] 18 25 22 39	11 [1 17 5 10] 18 22 15 32	5 [1 17 18 4] 18 35 22 39	19 [1 17 22 18] 18 39 40 57
	17 [1 17 20 16] 18 37 36 53	11 [1 17 15 10] 18 32 25 42	7 [1 17 20 6] 18 37 26 43	21 [1 17 21 20] 18 38 41 58
	19 [1 17 12 18] 18 29 30 47	21 [1 17 15 20] 18 32 35 52	11 [1 17 11 10] 18 28 21 38	9 [1 17 12 8] 18 29 20 37

※取名要訣②五行變化之關係，都喜用相生來構成，其實經筆者研究結論，相生多不是喜，多剋不是剋，有生無剋才不利，被生多無化才大凶，有剋無生凶中一定藏吉，要應用全局演化，否則只有徒增困擾或不吉。（要再配合八字喜忌）

劃數	十八劃之姓			
姓氏	魏簡蕭顏戴 闕儲鄞聶豐 睢董璩			
姓名之吉格劃數配合	1, 18, 6, 11 (12) 19, 24, 17 ― 35	1, 18, 6, 12 (13) 19, 24, 18 ― 36	1, 18, 14, 10 (11) 19, 32, 24 ― 42	1, 18, 20, 23 (24) 19, 38, 43 ― 61
	1, 18, 16, 11 (12) 19, 34, 27 ― 45	1, 18, 16, 12 (13) 19, 34, 28 ― 46	1, 18, 14, 20 (21) 19, 32, 34 ― 52	1, 18, 20, 7 (8) 19, 38, 27 ― 45
	1, 18, 16, 21 (22) 19, 34, 37 ― 55	1, 18, 16, 22 (23) 19, 34, 38 ― 56	1, 18, 4, 20 (21) 19, 22, 24 ― 42	1, 18, 20, 17 (18) 19, 38, 37 ― 55
	1, 18, 6, 21 (22) 19, 24, 27 ― 45	1, 18, 4, 10 (11) 19, 22, 14 ― 32	1, 18, 20, 13 (14) 19, 38, 33 ― 51	1, 18, 10, 17 (18) 19, 28, 27 ― 45

※取名要訣①凶數不是凶、吉數難言爲吉、吉數中有生無化爲大凶、吉數中有生恐不富也無貴、吉數中過多恐藏凶、凶數中有制爲不貴則富、凶數中有生有制不富也來貴。

（要再配合八字喜忌）

劃數	十九劃之姓			
姓氏	龐譙鄧關薄 鄭薛譚			
姓名之吉格劃數配合	13 [1, 19, 5, 12] 20, 24, 17 36	11 [1, 19, 4, 10] 20, 23, 14 33	17 [1, 19, 18, 16] 20, 37, 34 53	11 [1, 19, 12, 10] 20, 31, 22 41
	23 [1, 19, 5, 22] 20, 24, 27 46	21 [1, 19, 4, 20] 20, 23, 24 43	7 [1, 19, 18, 6] 20, 37, 24 43	11 [1, 19, 22, 10] 20, 41, 32 51
	13 [1, 19, 15, 12] 20, 34, 27 46	11 [1, 19, 14, 10] 20, 33, 24 43	9 [1, 19, 10, 8] 20, 29, 18 37	21 [1, 19, 22, 20] 20, 41, 42 61
	23 [1, 19, 15, 22] 20, 34, 37 56	21 [1, 19, 14, 20] 20, 33, 34 53	19 [1, 19, 10, 18] 20, 29, 28 47	21 [1, 19, 12, 20] 20, 31, 32 51

※取名要訣②五行變化之關係，都喜用相生來構成，其實經筆者研究結論，相生多不是喜，多剋不是剋，有生無剋才不利，被生多無化才大凶，有剋無生凶中一定藏吉，要應用全局演化，否則只有徒增困擾或不吉。（要再配合八字喜忌）

劃數	廿劃之姓			
姓氏	竇繼羅嚴藍 鐘闞釋爐			
姓名之吉格劃數配合	外格15 1 ┐21 20 ┤26 6 ┤20 14 ┘ 總格40	外格24 1 ┐21 20 ┤26 6 ┤29 23 ┘ 總格49	外格25 1 ┐21 20 ┤36 16 ┤40 24 ┘ 總格60	外格10 1 ┐21 20 ┤30 10 ┤19 9 ┘ 總格39
	外格15 1 ┐21 20 ┤36 16 ┤30 14 ┘ 總格50	外格24 1 ┐21 20 ┤36 16 ┤39 23 ┘ 總格59	外格16 1 ┐21 20 ┤40 20 ┤35 15 ┘ 總格55	外格15 1 ┐21 20 ┤32 12 ┤26 14 ┘ 總格46
	外格14 1 ┐21 20 ┤26 6 ┤19 13 ┘ 總格39	外格5 1 ┐21 20 ┤26 6 ┤10 4 ┘ 總格30	外格16 1 ┐21 20 ┤30 10 ┤25 15 ┘ 總格45	外格15 1 ┐21 20 ┤42 22 ┤36 14 ┘ 總格56
	外格14 1 ┐21 20 ┤36 16 ┤29 13 ┘ 總格49	外格25 1 ┐21 20 ┤26 6 ┤30 24 ┘ 總格50	外格6 1 ┐21 20 ┤40 20 ┤25 5 ┘ 總格45	外格5 1 ┐21 20 ┤32 12 ┤16 4 ┘ 總格36

※取名要訣①凶數不是凶、吉數難言爲吉、吉數中有生無化爲大凶、吉數中有生恐不富也無貴、吉數中過多恐藏凶、凶數中有制爲不貴則富、凶數中有生有制不富也來貴。

（要再配合八字喜忌）

劃數	廿一劃之姓			
姓氏	顧饒鐵續			
姓名之吉格劃數配合	5 [1, 21, 11, 4] 22, 32, 15 — 36	23 [1, 21, 14, 22] 22, 35, 36 — 57	15 [1, 21, 15, 14] 22, 36, 29 — 50	9 [1, 21, 18, 8] 22, 39, 26 — 47
	15 [1, 21, 11, 14] 22, 32, 25 — 46	13 [1, 21, 4, 12] 22, 25, 16 — 37	15 [1, 21, 5, 14] 22, 26, 19 — 40	19 [1, 21, 18, 18] 22, 39, 36 — 57
	25 [1, 21, 11, 24] 22, 32, 35 — 56	23 [1, 21, 4, 22] 22, 25, 26 — 47	25 [1, 21, 15, 24] 22, 36, 39 — 60	11 [1, 21, 10, 10] 22, 31, 20 — 41
	13 [1, 21, 14, 12] 22, 35, 26 — 47	5 [1, 21, 5, 4] 22, 26, 9 — 30	9 [1, 21, 8, 8] 22, 29, 16 — 37	11 [1, 21, 20, 10] 22, 41, 30 — 51

※取名要訣②五行變化之關係，都喜用相生來構成，其實經筆者研究結論，相生多不是喜，多剋不是剋，有生無剋才不利，被生多無化才大凶，有剋無生凶中一定藏吉，要應用全局演，否則只有徒增困擾或不吉。（要再配合八字喜忌）

廿二劃之姓

劃數	廿二劃之姓			
姓氏	蘭 蘇 龔 邊			
姓名之吉格劃數配合	15 [1, 22, 4, 14] 23, 26, 18 — 40	6 [1, 22, 16, 5] 23, 38, 21 — 43	18 [1, 22, 10, 17] 23, 32, 27 — 49	6 [1, 22, 6, 5] 23, 28, 11 — 33
	25 [1, 22, 14, 24] 23, 36, 38 — 60	16 [1, 22, 6, 15] 23, 28, 21 — 43	18 [1, 22, 20, 17] 23, 42, 37 — 59	12 [1, 22, 10, 11] 23, 32, 21 — 43
	15 [1, 22, 14, 14] 23, 36, 28 — 50	16 [1, 22, 16, 15] 23, 38, 31 — 53	17 [1, 22, 6, 16] 23, 28, 22 — 44	12 [1, 22, 20, 11] 23, 42, 31 — 53
	15 [1, 22, 24, 14] 23, 46, 38 — 60	7 [1, 22, 16, 6] 23, 38, 22 — 44	17 [1, 22, 16, 16] 23, 38, 32 — 54	22 [1, 22, 20, 21] 23, 42, 41 — 63

※取名要訣①凶數不是凶、喜數難言爲吉、吉數中有生無化爲大凶、吉數中有生死不富也無貴、吉數中過多恐藏凶、凶數中有制爲不貴則富、凶數中有生有制不富也來貴。

（要再配合八字喜忌）

劃數	廿三劃之姓			
姓氏	蘭 欒 顯			
姓名之吉格劃數配合	7 [1, 23, 5, 6] 24, 28, 11 — 34	5 [1, 23, 12, 4] 24, 35, 16 — 39	21 [1, 23, 8, 20] 24, 31, 28 — 51	7 [1, 23, 5, 6] 24, 28, 11 — 34
	15 [1, 23, 12, 14] 24, 35, 26 — 49	12 [1, 23, 10, 11] 24, 33, 21 — 44	21 [1, 23, 18, 20] 24, 41, 38 — 61	17 [1, 23, 5, 16] 24, 28, 21 — 44
	7 [1, 23, 15, 6] 24, 38, 21 — 44	12 [1, 23, 20, 11] 24, 43, 31 — 54	7 [1, 23, 15, 6] 24, 38, 21 — 44	20 [1, 23, 18, 19] 24, 41, 37 — 60
	15 [1, 23, 22, 14] 24, 45, 36 — 59	22 [1, 23, 20, 21] 24, 43, 41 — 64	17 [1, 23, 15, 16] 24, 38, 31 — 54	20 [1, 23, 8, 19] 24, 31, 27 — 50

※取名要訣②五行變化之關係，都喜用相生來構成，其實經筆者研究結論，相生多不是喜，多剋不是剋，有生無剋才不利，被生多無化才大凶，有剋無生凶中一定藏吉，要應用全局演化，否則只有徒增困擾或不吉。（要再配合八字喜忌）

附錄三

百家姓字劃數及字義

一、正確筆劃數之說明

文字部首

- 扌（手），提手旁，以手字爲四劃，例：提（13）、挑（10）、打（6）。
- 忄（心），立心旁，以心字爲四劃。例：愉（13）、恬（10）、悅（11）。
- 氵（水），三點水，以水字爲四劃。例：湘（13）、洪（10）、淨（12）、法（9）。
- 犭（犬），秉犬旁，以犬字爲四劃。例：猶（13）、狠（10）、猿（14）、猛（12）。
- 礻（示），半禮旁，以示字爲五劃。例：禎（14）、祥（11）、祺（13）。
- 王（玉），玉字旁，以玉字爲五劃。例：瑞（14）、珠（11）、理（7）、玲（10）。
- 艹（艸），草字頭，以艸字爲六劃。例：萬（15）、草（12）、芝（10）、蓉（16）。
- 衤（衣），半衣旁，以衣字爲六劃。例：褐（15）、袱（11）、裕（13）、裴（14）。

•月（肉），肉字旁，以肉字爲六劃。例：腦（15）、脈（12）、育（10）、能（12）。

•辶（辵），走馬旁，以辵字爲六劃。例：遇（16）、送（13）、超（12）、起（10）。

•阝（邑），右耳勾，以邑字爲七劃。例：都（16）、郊（13）、郭（15）、邵（12）。

•阝（阜），左耳勾，以阜字爲八劃。例：隊（17）、限（14）、陳（16）。

註：以上係以文字歸類爲部首爲準，如不歸列以上部首，則仍以形計算實有劃數，如「酒」字屬酉部，非「水」部，故仍爲十劃，非十一劃；巡字屬「巛」部非「辵」部，故仍爲七劃，而非十劃，照此則可得姓名學標準字劃數。

二、筆劃數容易算誤之文字

1. 五劃數：世、卯、巧。
2. 六劃數：印、臣、系、亥。
3. 七劃數：成、延、辰、廷。
4. 八劃數：函、協、亞、武。
5. 九劃數：飛、革、韋、泰。
6. 十劃數：育、馬、修、泰、晟、酒、致。
7. 十一劃數：偉、胡、卿、貫、紫、梁、斌。
8. 十二劃數：博、勝、能、傑、淵、黃、盛。
9. 十三劃數：祿、鼎、裕、琴、路。
10. 十四劃數：壽、鳳、華、慈、碧、與、賓。

11.十五劃數：增、賜、郵、樣、腳、趣、儀、寬、廣、養。

12.十六劃數：勳、達、龍、叡、錫、謁、遄、鄂、興、燕。

13.十七劃數：隆、鄉、鴻、陽、嶽、聯、懇、燦。

14.十八劃數：豐、環、戴、爵、襖、細、璧。

15.十九劃數：麗、寶、繩、贊、璿、攀、蟹。

16.二十劃數：瓊、瀚、臏、臘。

註：礻乃示；衤乃衣。上爲五劃數，下爲六劃數。

三、百家姓字劃數參考表

一劃

金	木	水	火	土
	乙	一		

二劃

金	木	水	火	土
刀		丁	二	乃了人入力匕卜又几

三劃

金	刃
木	三
水	子
火	丸巳亍
土	土山己
	久乞也于亡凡千丈口士夕大女小川工巾干弓寸下上万

四劃

金	
木	四木
水	壬孔水
火	仇午太心日曰月火仃丹
土	丑牛犬
	不中之支斗予云元互井亢方文卞仁化仍允內切介今公分勿勻勾匹升友及反天夫父母以少尤尹幻引弔戶屯巴尺旡牙手止比毛气戈片斤氏爪欠

五劃

五行	字
金	申白
木	甲卯禾本末札瓜
水	冬北仔孕永
火	丙尻宄宁帄叮夗包旦
土	五仙出戊未玉生田由石王圢
	正他代付仗兄占右可句古司史只台召外央尼民巨目且皿册左布市玄立穴它平半
	弁弘弗必瓦甘用疋皮矛矢示刊幼奴奶斥氏令功加巧扎丘世丕叶印

六劃

五行	字
金	西百乩
木	朽朴机朸朾朹竹休朵米衣朱
水	冰次冱汁汀氿亥任好存字囝吁孖汆舟
火	光肖旯旭旨旬行灰伙件仴打危
土	圳圮圬圩圪地圯屾屹吐在圭吉寺庄戌牟羊老考至妃[illegible]丟伍件伏再先异艮六
	亦充冲兇兆劣共刐刎刑列劦各合向后名夙多交吏宇安守宅州帆式戎收曳此死羽
	而耳肉自臼血舌色虫企仳份仿伉伋伐伎优伬伔仱伀价伝仰仲伊伕曲臣匠囫匹同
	因回吊吁吋吃如奸年弛聿牝舛犯扑扔扒忉每戍

七劃

金	七伸辛酉兌赤伯阜
木	杆材杉村杖杈杓杠杌杙杅杇杕杚杋杜杞卯困囲秀秃利私杏体束余宋呆宋床
水	冶冷泼江汗汙汝汐池汎汍沒汕汋汌汒汏求孜尿孚孛吼汞孝廷呈妊佟
火	灼灯旴昀盯災灸忍忘忐忑志忒吹吘旱究昆但佇玎町疔彤究
土	坑均坊圻圾坎址坍坻坅坉坋岐岍岏岈岋岉岒岆岓岌岕岑妞吜哞壯男谷坐坒
	李杍汜灶位佚何估佐作伺低伴佛伶伻佝佈佈佁伭伳攸伽妣妓妨妤妍妏妧忏忖忙 我戒攻更步甫良見言足豆貝身吝劬劭托邑系串亨君吾吳吞呂克兵判別刡助努告 吟吭吸吹吵巠巫罕希宏完局尾序延弟形役甸姸

八劃

金	木	水	火	土	
庚斧金佰帕帛呻妽	栖枘枸极杓杭枝杶松杻杷杯枚板林析栢枋枕杼枒和竺呷牀兔芳委艾糾奅妹	洌洗泐汭汽汰沈沉沅沌沖沃汲汾汴沆汶沍沔沘沂汸汧汫沄沋汯沚汭沇沕沜	炖炓炆炊炕炒明昕昀昉旼昅昐欥狄朋服肌肋刖京卓奈宗忞忽忠念昏昆昂昌	八住佳佶侍侔佯卦味妹姓妯宙宕岳岸岱岢岦幸夌坼坤坩坷坭坳坱坵坽坡坪	杻杵芃芋艾杲杳杰杺季 汻沁汨沓孢沐 炑林炄有 岬岶坦者弄住岠 快忪忮忡忨忱依佼侃供使侈佻佩例伽侁姒妮姍姑始姁拇抌抆技折扶抒抵扱物牧 初礿狁征徂彼欣放於版所臥帖弨弦盲直妻妾卒夜穹宗宛宓宜空官定抵店府尙居 罔固帑弩或戔房知命侖舍長阜來忝武孟者並些事承奇奉表卷取受叔兒兔兩其具 典刷殺刺效協

九劃

金	酉皆哂皈拍庠
木	柯枴柑枸枯柵柝柏柳柿相柙柜枰枷柷柮粒种秕科妙竽竿芋芍芒芄芃芊籼枲
水	癸泳沿河況沼治波泊泫泓泯沾泑泱泛泠泙泼沴洳妹姝俘斿勃
火	炸炬炯炳炫炤炟炩炮映昨昭昫肘肝軌紂約紆紈紅怛怕怲九亭亮音南宣急思
土	垠城垵垟垌垗垏垞峙峒峖砂砒斫昄眦昀玟玫玩型室屋怴性拓禺畏界故封痒
	酊 柊柄柤柾柚柘柮秋查芏芭香芓 法泥泖油泡泊泍泞泧泺泩籽厚 星旺昧肚紀泉肐 炭思峘峋峐垝垙坦垛玥玡砑 俅俋俄俙俠侯侵信俊促便侶俟俑怩怔宜怜怛怋恂招祈姻姚姺咪哄咿後律食剋韋 狐則勁勇咢咸哉品契威姜姿客爰帝幽度建彥拜施段帥甚看省眉奕穿宦突冠奐美 耐卻咨虹要計貞門面革風飛首羿政盈禹盃盆爲制勉勔

十劃

金	釗神酌針釜原釘釙釖倖
木	桉校栱格根桃桐桁栩秤租秩秘笈笏笊笑芽芥芹花芫芝芳芙芬芨芛芷芸冤柴
水	凌海活洪洲津洗洞派洛洌洳洺洙洮泚洝洟航舫衽殊孫庭衍
火	烜烚烙烔烆烘時股肱肺肥肪軒馬倓倡借倬夏宵宴庫恩恕息恣恙指晉晏晃晁
土	埋埆垸埔峨峽峻峪峰峮砡砧破砲砥畜畔畝珏玻玳珈玿玹玲珂珊珍耄耘耕耗
	釘配 核株桎桂柱桄桓栒栖梅桔桁秝芯苂烋芤栥 洵洸洹洁注洼洚洋泚染 烊烓炷紝紐娟 埣崋珋珀砧恚垺栽皇 倚倨俱候倥修借倪值倜俳倍俯俸倫倭恍恫恢恆恤恬恪袂祐祠祝祖祚秘祓衿挌拾 防訓討託唔哼唏唄唆徑卿差益效旅兼冥剛剖射員哥唐家宮容倉展師席弱恭扇貢 高旁衷般眞窈缺翁晦眠耽臭虔蚊矩衾鬼狩豹貢財隼素索翅乘拳瓶迂青姬秦敏

十一劃

金	悅釧釣邪宿皎習愀釵釩釬酖鈙釤鈇釱
木	寅彬梳梭械梗梧梓梯桹梠桸移筒笞第符笠笙茄苒茆茉苴苓苡苯苙英苑苫苔
水	浩浚涉浮浦涌浴浪浜浡浣流涓涇涒浸浥浤浧浠浵紺終舷船舸舶雪魚悖悰
火	乾烺烽焌焀焐晞晚胗胚胞胖胎偲停惔娼婥婚勖朂辰冕曼唱庶焭悠悉烹焄鳥
土	埩埏埈堐埠埭堆堀培埴埼埕崆崎崛崍崢珮珥珧珞珓珙珩硉畦略副野動基堅
	釷釕 桴梈桯框梓梩栓桭梃梐桔犁茂茁苧苞苗笙笛埜粕緊悄悁 洿涂浬涑涗 烇細紬絀絃紵紳胛眺販 珠珣埮埻埰堍埥崞崤硃崑累胃偲羜崧婈貫畢 健偶側偵從得徘悛悕悟悌袢祧紾紹組絆絁婉婕婗婄婦娸漆設仿狹啓敎救敘敕敗 欸欷欲敝族旋唯啄斜捕強張 勘務區參啇問國閉寄窕寂鹿康庸尉將麥專爽率常彗彫戚毫毬眷祭翊翌處蛉袈袋 貨規近那鵲頃阡邢邟邡邧邦勒圇哲焉僞衆悛帶黍偉參狼

十二劃

金	木	水	火	土	
欽鈞鈔鈧鈣鈒鈍鈉鈐鈜鈃酤酣奠尊皖皓弼迫	森棋棧植棱棓棕棌椅椎棱稂稀筈策答筑筒等筆筏荒草茸茶荇茹茨棼荔荊茗	寒淪涪涴淌淶涪淀渀淵淑淳淨淺淇淙添淬涵涿淼邶雱雩雯雲孱猛犉惇敦象	焱焙焩焯焱焮焜焙焰晶晰晬脈胴脇脂胸胼軫軸軻軼軺馭悼惔閒景智暑普最	堙堸堪場堤堠嵾崿嵎嵋嵫硬硯硫班珺球現理琉琄琅珽凱剴喜單堯壺報堡童	鈕鈦鈥鈊 楟棹錐棍梃棚稅稃悸筍茜范荏莓荄茱荐莞莖焚粧粞悶間裁傑 淦涼淩混淞淅深淋淡淖淄涯淯渚淘涎粱 絧絩絞給絝絲旭絕統絡絓惔媮 崽堰培堬碌硨琇羨 備傅倩復悰惋惟捲掃捨授捷捧阪阱阮邱邵邸袴視幀幃詒証詔評詠喨嗲喳媛媚割 創博喬善窖窗寓尋幾扉敢斐斯欺欿疏登發短竣翕舒瞬蛤蛬斛貼賀貴買貿躰開閔 圍項須順瓻殘跚量迪絜無黑斌剩媚殖廋

十三劃

金	鈸缽鉑鉬鉍鈶鉈鈮鉯鈱鉆鈳鉛鉉鉦鉄鈴鈰鉥鉤鉗鉏酮酪猶迺賈猴
木	楙楝楨楣楞楔椿椹極楗楺楫楀楹楔概椿椹椲楓稚稗粳粮荼莉莠莞荷莖楚筮
水	游港測湊湛渡湃渺渫渦渴湄渤渙渼渢湧湋滋湀溲湞渧湸湤湕湲綍艇郲雺雯
火	煁煇煥煉煬煜煖煡暇暉暄暗暖脛脫睒睧意感愚想慈愍暈會煦照嬰嫈詢詣載
土	塙堞塎塊塘塚塢塏嵯嵱嵣碔碇碑碗琦琮琲琪琤琱琢畸註誠詩詳嵩僅債催勤
	鉀鉌鉋鉏鈿鈾鈺鉞鉐鉎鉅 椳楷楢椿楠楊楏椯楸楅梢楟楂楦楷楎楡楜稃稜稔禁愀莽莊莫莘荸莩茫筠節筐筵筌 湝湫湘湣渟湳渥湩湮湍湨渾湯渲湜湖湑渝盜渠滋 煒煙煤煃煨絺絿綎塋塱睽睚睦署 塛塒琥琳琛琰琨碄晼 傲傾僊傳傭傺衙御祺補裕揖揄媛嫆嫊媼嫁誨誇試跳路跡蜂蛾斟新雍歲殿僉睨督 矮禽監聘肆肅裘舅號虞蜀嗇解詹資退嗦郊阿附雉頌頓頒預飲飭飯鼎毽業裝戮嗣 圓奧廉愛毓耶程睪誨望

十四劃

金	銃銑鉫銫銜話銛鉻銬銘鉿銅銚銀銨銦鉹銗銂銕鉽銆銙酷酺鈭鋈說
木	榛榕槁榶榑榤榐榷槐構槙榧榣稱菊菓華菜菩萊菱菸萃菀菌菲菕萱菽菘[illegible]箇
水	溢溫溪源溝準溶滄滇溏溓滔滃溥淪艋豪閡陔邪霓僝福豪
火	熇熅熀熔煽熄暝脾俯膝滕輅輑輕輔馹馺嫚嫜禪裧裮寧僭僚幛彰陋慇愿愬熒
土	墔墉墐墈嶁嶇嶍磁碩瑙瑗瑋瑪瑢瑞瑍斑琶琵琴端墅愧愷靺縸獃緇綾裬僖僥
	鋮銈銡鉞[illegible]銇鉣銖鉥銌銓銧銤銇鉥銪鋂暢酵酴酥 榳槂榥榪榗榎槐榴榬榿榡榞槍稍菰菖萌葵萸菎著菲菫莎狄箐筋筳喏婼 清溢溽滉潽滏滓漆溱滐滙溼溧溜溰湟湋淓涖潮溯誖 煌晴勝輇緂綧緄緒綿綾綸綩綬綺綰維緋綱綵綝綪禗榮犖暟睽睡 墀墁境墇嶂碴碠琿瑄瑚瑜愷嶄甃塵塺廙匯 僑像僕情愫慆愷惶慎慊福種搖損搦搏搬禊禎禕幗猿獅犒誠誥誦誌誏喻旖旗嫗嫡 嫪嫦嫝嫣嫙娜蜜察寬實賓對廖與黎聚詔裳貌賑數散歉歌郗部郡颯翟逑造速綮緊 兢嘗團圖爾監疏齊鼻幣罰熙舞

十五劃

金	銳鋅鋤鋒鉛鋪鋇銲鉉鋏銻鋁鍋鋀鋃銙鋙鋨鋘鋯銶鋎鋉鋞鋑鋓鋡醃醅醉醄奭
木	椿樛楛槭樀構樠槮槶槻槦樞標樣樓樅槇稼稽稻稿樅葡蒂葉葛葺葳葯萵萼葎
水	澟演漢漁漲滯滴滿漾漩滲漎漓漉漙漈漊滽漚漮魴魶魰魨郭霆霅聫穎頦
火	輝熯熰煸熝熠暲暷腰腦腸腹腩腱腳輘輬輤輪輥輗輟駒駘駙駏駖駋駗駚駔嘹
土	墝墦墣墥墫墱墠墟墡嶝嶢嶓嶠磑磄碾確瑭瑢瑤瑳瑱瑰瑣嫹嬏嬈嬉審廣廛摧
	鋕銲鋰銷鋗鉽鋠鋍鋌醇醂醀酲 標槿樍樘樗槾樈槽樟梆稽稷葵萳葛葶蒠萱敬萩萍募葷菠荷葫董萬惹範菙箝箔箠 篆逸逖閱糊 渃漳漕滸漹漸漫滵潹漜滶漟漯滌震逵逖逞進郢諄窪 熯熼熛熞瑩輘緣緗緦槧 墩增嶒嶗嶙嶕瑪瑮瑢臻碧磔羯獗嶔儂儀獄 儉儈僾愉慪慵慷慣慖摘褑褅褘諏調諒論宜諍誕嬋嬌嫸嬁嬇嫶緝緷緮緩線緘締編 練緬緙緯緞緲魄皚蝦蝸蝙劇剩劍彈慶敵敷毆歎毅皺盤窮窯舖蝕衛賢質賞賣賦部 鴉院鞍鞏養廝豎齡翮頪踐踦噘噴膀墨魏愈慮魯颳誓盡獎

十六劃

金	木	水	火	土	
錝鋹銑鋷錤鋿錪錮鋼錦鋸錚錐錢錠錛錣錸錧錈錸錧錏錼錎鋋鋺撳撙鏨諧遒	機橘橫橋橇樹樽橙橡樸樃橄樻橲橾樑穇穋積穆禠橠蓊蓎蔎蓑蒼蓁蓆蓉蒜蒿	潔澄潯潺澌潡潰潑濊噴濆澒潭潏澐澑潤澌魺鮑鮎鮈儒學遊霓霏霎	燚燜燗燆燖熾燃燈燐燎燄燆曊暻暲輳輹輯輎駢駮駣駧駱憬撚憮撫撮褟褲儘	墺壉壇嶮嶧嶬嶩嶰嶼磡磣磧碤瑛瑾璈璃瑽璀璇璆龍儔徵衡磬奮盧彊踾踹諯	鍆錕錟錉錙錍錁錔錶錭錴鋑錛錞錳鍺錫錯錩錋醒醍醑醐鍃 橞橔槈橈橦樴橯樾橪蓀蒔蓐蒸蒐蓄蒨筇皇篤曆厥 潼澆達澔潓潦澇潛潧澋澑潠潷潾潗澗漪澍潘潢澎潮滏霖霍霂鮇冀 燒燉熸熿燋燔曉曈曀暾膦燊燊縈熹駭駐駢輶輻輮縉緻縩縥緣諰曇憝 壈璋瑪燚諲磨耨糕 儕儤叡嘯噯嬛嬗嬙嬡諼縝縐縑縊縞縤縚縛縭鄉繁縏縣諷諫諱諶諮諤諴諺諦諜嶦 擒撕撲憚憛憒憫憍憯憓褞褣褫踏蹄踴鄾鄘鄂鄗頰頭頤頲親勳默黔趧嶭遂道違運 遑遇陰豫圜興舉瞞翮融羲瞥歙器戰整龜窺蝗聯麭餐

十七劃

金	木	水	火	土	
鍖鍼鍗鍏鍞鍎鎻鍔鍧鍧鍵鎡鍋鎪鍰鎂鍭鍍鍛鍜鍥鍬鍊鍤鍘醣醉醨鍪	檇檥檁櫃檐橚檄梛椰檢檣檀楚槌檥櫛藟檅黃蓆蓰菜蔚蓮將蔔蕁蓼蔬蓼蔮簇	激濃澱鴻澠澢澳潞濂澹澒澴澭濾澱濊濆濘澰遜遘霞霧鮫鮦鮡鮥鮢颶颱孺	燸燱燠燦燭爔燰燬燴燭熲曙曖曦膝騁駺騻駷騄駶騂駿駿轀輾陽隄憶應懇聰	壕磴磾磺磯磹磻磽磽璞璜璘璚璣璐嶺嶽壑獬懌擇擂隆隈隅陶禧螳螺豁谿趨	鍾鍇鍺鋒鐶鍉鍑鉎鍒鍹鍕鍻鍱鎃鐾 檡檉檍檑橿檜模橞橦橈樵蔓蔦蕇蓿慕暮蒲蒞蒗蒤蕧蔤蔑蒸懋簣箭檗罾罿罷遞 澤澼澡濋澯澥澮澣澵澺澸濬澨潤澧鮀鮪鮮鮭鮚霙霜霈霐宵嬬 燡燥暱暯臛轃轅駩駾騂騄糈豁醟憵縵縯嬅縪皤辥爵 壖壎嶸磼礁磽璟璔轂儲揄繇磬牆遠遛遙 優償儌擒擁撿擅擔憸懊隃隬隊階鄖鄔糟禪褶禨襁講謙謝謓謅謏謚謠諻嬭嬪緰總 績縴縗縱繈縿謬縷縲縩縮縹館餞瞵瞪瞰瞬購賺賽蹇贅螫韓韔齋襄嚎嚏歜斂闍闊 闌闈擊頞氈獨瞥矯翳聳臨跡鄉爺髼罹蹈彌鞠鴳禦糜龠慝懃黛黜點黝勴厲虧膚

十八劃

金	木	水	火	土	
鎖鎮鎌鎗鎔鎘鎊鎛鎬鎵鎢鎰醪醥醧醫醬覆雞竅蹜鞦癖皦	檻櫂櫅檬檷櫝檳穠穡穢糧蕢蕇蕬蕡蕎蕆蕃蕨蕁簥簣簞簧簠簰簦簨褡諾鵚髁	濠闊濕濡濟濢濱澶澀濮濩濫濬濔適違鮶魟鯀鯆懦擩竄鄠鵜颳	爁膳膴膩膝膦駢騑騋騎騏騙轆轇轉輸顛撒擰獰嬣鞨鞮鞘繒繐織繚蹥題違蹧	壙擤擣懤環璦璫璐璵璩蟥蟠蟢蟯謹蹟蹕翹謦釐闔旛嬏繙壘艟贅覲鄞隗顒顓	鎦鎧鎷鍠鍚鎴鍺鎖銷錵鎣鎣鏊 櫷櫣檮檯櫂檸檽穠糧蕪蒽蕧蕙蕊蕉蔫蕞蕈蕘蕫蕔蕤蕃蒴蕺蕓䓘簡簪馥闊廓 濰瀔濤澣澈潲濴漣濜濦瀑濝濞濯濘鴻鯁鯉鯀霟霨鼬鼫 爍爆燽燻燼燿曜曛膨膰臎膮轉騅隍諭謂諝靛靜 璪璨璯環瑯礌礎璧繞墥 儭懥懠擱擬擠擦擯禮襏襆獮獯蹌蹡蹤蹢蹛蹻蹣蟬蟪謬謫謳歸瞿瞼瞻蟲聶豐闔闐 闞闕屩癜雛雜戳覷貙躄蹩軀鬈瞶鵠斷歟翶鄙鄘鄜隕隘隔顏額顎夔觴黠嚕燾黟魏 檾織繕繙繢繑繐邀遭遮適雙叢鞭韃餱餿颼脾

十九劃

金	木	水	火	土	
鏒鏤鏃鏂鏘鍛鏹鏮鏑鏢鏞醭醱醯鷓蹲遵鄭願辭瓣覈繳鏖鏧	櫟櫚櫞櫥穩穧薡蕗薁蕹薆蕼薉薪藁薔薙[illegible]薟蕘蕻檞蕭薝簷簫簾簸鶇譯繹繰	瀉濺瀊鯨鯫鯕鯙鶉遴遺遹霧霩霪霨[illegible]豶豷[illegible]	爊燹曠臆膽臉膿臄膾膱騝騛颿騣騢騧駽輣轎轔臀膺鵲爈蠍譜識譙譖鄦鄫蹭	壚壢礙璸璿璾瓁疇禱廬獸璽壟蟷擅懭獷擴擷嚭餽躹疆繮繹譆譊趫趬蹺蹯鄱	鏔鏟鏗鏝鏡錨鏜鏍鏙錘醰醮臂鍪 櫑櫝櫓穩薈蕾薛薐薑薙薇蕔薣薯薏薵[illegible]薊懃檠蕩擎籀簰篳選懞模 瀇灤瀆瀍濾瀃瀓潓鯊瀏瀋澫濺滁漷瀅鯚鮭鯛鯪鯆鰡鯧鯤鯰霦雯 爌爅爍矋曠朧臊曄騥騤轏繶繪繯繸繡魈 壜瓀璉壘遶遲陲殰犢魋壓勵 擻攄擾憒懂禰襘襛襖鄢鄯鄧鄲鄰際隙遼遵遷導蠉蟻蠊蟾蟺蹴蹻蹶蹼蹬譏譎證譚 瞫嚬嚥[illegible]離難韜韞類顛覽麒贊覺勸癡簽繫翾翽[illegible]鬍麗羲[illegible]鶘蟴獵蟹

廿劃

金	木	水	火	土	
鏻鐙鐏鏷鐍鏺鐨鐀鐖鐌醴醵醲瓣譬	楝櫬櫪櫨薺薾舊藐藏薄藍籃簿纂礬譟懞糰糙	瀧瀕瀨還邂遽霆繻蠕襦蠔	爔曦曨臍臏轘轗轖騶騷騵懸黨贏餬饅聹鶻鶚鶱	壤壞巉礦礫礪礩礸瓃瓊璱璡觸竇鞺鑵壆礨隢墜攏瞿	鐠鐐鐔錋鐎鐕鐒鏸鏜鏶鐃鐘鐇鐓醷醰醛 櫳釋薵葵藎薴薰藉薹薃薀蕑藪藜髦薦蓮篷籀籍籔籌鄴羅謨獲 瀝瀑瀠瀿瀘濛濩濨濄鰆鰒鰋鰓鰍鰈霢艦 爐燧曚皪臑臎騣騮驁蠑縺懨遯 礫瓅璥懲 嚴擾撻糯懞懷懶獺襤獻競覺觸闡闞嚷孃繼孀繽縫麵癢謙譫議躅嚶旟瞿馨謨黥䮝 黨黧纁避邀鶩飄

廿一劃

金	木	水	火	土	
鑴鐻鐶鐮鐲鏽鐬鍰鐱錒鎚辯闢	櫻櫸欄欃攙藝蘲万藥籙蠢饌蝶譁	瀰瀾瀲瀼瀹邃邈邇露霰霳襚	爝爙爛曞鵬騂驅驂驃驄𨎌轍轞轟鶯鶴鶱鷇顥鬘鬍鬋曩囀髏贚	瓏礱寵巋巍饒饎續纘儺儸趯譸躊躍顧寶癥贏礞	鐸鐺鐳鐿鐰醺醹檽穟穫籆藕藝蕡薾藞蘁薸羆瀸瀺濡濿鰭鯣鯖鰉霹騹驆騽騾鶩纍 儷攘擺殲礜邇獮囁蠡覽躇躋饋饑險隩隮鄹鷁黯纊纆魔謵屬蠘

廿二劃

金	木	水	火	土	
鐵鑑鑇鑈鑌鏐鏾鍚鑠鏵鑏鏈鑒𣌫	權穱穰慒蘼蘊藺蔭蘄蘋薌勸蘅藩藋藹蘇藤蘆薹蘖蘗薖薘籚籟穌	灄瀛霽霰霾鰻鱈鰾鰷鰹鱆艨蠓	朧臚騰朦臛驎驓驔騲驕驍驐驏蠻嚮鶩鷓鷗孂贏鬍	龔聾襲疊巔巒艫鄺韁礵礤礪瓔瓖攜讄譒讀窿襱	籠籛灌轕轀轢躒躓躔蹦囊擿攝襯邊邁鬚贖顫懼懾纑鑪艫懿韣隬隮隱隰儻儼癬癭 彎孿鷙饃

廿三劃

金	鑛鑕鑞鑢鐷
木	櫹欐欑欏蘿蘭蘘蘠蘀藻薳籤籜欒纔麟
水	灘灑灖瀟灃霸霩鱘鱔鱗韅
火	曬驗驌驛轣轤鷩讌戁體
土	巏壧巖
	鑥鑠蘚蘗鱒鬟顯纖纓戀[illegible]徽儽麟攢攞襪蠛巇蠣糲聽

廿四劃

金	鑫鑨鑪鑩鑊鐩鐹釀
木	蘁蘶籚攞欏歡羈闌虉囈
水	灌靈靂靄鱧
火	爟騾贛驖驊
土	瓚礸隴
	矗衢韇鬢鷺讖讓豔酆釂

※想瞭解字義可參考陳哲毅無師自通姓名學字典

國家圖書館出版品預行編目資料

姓名學開館的第一本書／陳哲毅著.
－－初版－－ 台北市：宇河文化出版；
紅螞蟻圖書發行，2004〔民 93〕
面 公分，－－(Easy Quick : 44)
ISBN 957-659-455-3 (平裝)

1.姓名學

293.3 93014406

Easy Quick 44

姓名學開館的第一本書

作　　者／陳哲毅
發 行 人／賴秀珍
榮譽總監／張錦基
總 編 輯／何南輝
文字編輯／林芊玲
美術編輯／林美琪
企劃製作／知青頻道
出　　版／宇河文化出版有限公司
發　　行／紅螞蟻圖書有限公司
地　　址／台北市內湖區舊宗路二段 121 巷 28 號 4F
郵撥帳號／1604621-1 紅螞蟻圖書有限公司
電　　話／(02)2795-3656（代表號）
傳　　真／(02)2795-4100
登 記 證／局版北市業字第 1446 號
法律顧問／通律法律事務所 楊永成律師
印 刷 廠／鴻運彩色印刷有限公司
電　　話／(02)2985-8985・2989-5345
出版日期／2004 年 10 月 第一版第一刷
2006 年 6 月 第一版第二刷

定價 300 元

ISBN 957-659-455-3 Printed in Taiwan